지은이 **톰 홀랜드**

영국에서 태어나 케임브리지 대학교 두 과목 최우등으로 졸업했고, 옥스퍼드 대학교에서 역사학 박사 학위를 받았습니다. 고대 제국부터 뱀파이어에 이르기까지 다양한 주제의 역사책과 소설을 쓰고 있어요.
우리나라에 번역 소개된 책으로 《루비콘》, 《다이너스티》, 《도미니언》, 《팍스》, 《이슬람 제국의 탄생》, 《페르시아 전쟁》 등이 있어요. 《루비콘》으로 세계에서 가장 권위 있는 논픽션 저술상인 새뮤얼존슨상 최종 후보에 올랐고, 2004년에는 헤셀-틸먼상을 받았어요. 2006년 《페르시아 전쟁》으로 영국-그리스 연맹이 수여하는 런치먼상을 받았습니다. 2007년에는 고대 그리스·로마의 언어, 문학, 문명 연구를 촉진하는 데 크게 공헌했음을 인정받아 고전협회상을 받았어요.
이처럼 어른들을 위한 책으로 수많은 상을 받아 온 톰 홀랜드는 특별히 십대를 위한 이야기를 써 보기로 했답니다. 그는 이 책의 주요 배경인 그리스 아테네 근처에 머무르며 딸아이에게 그리스 신들과 페르시아 전쟁 이야기를 들려주고는 했어요. 바로 그 이야기가 《늑대 소녀 고르고》라는 한 권의 책이 되었지요.
tom-holland.org

그린이 **제이슨 콕크로프트**

뉴질랜드에서 태어나 영국 팔머스 예술 학교를 졸업했습니다. 영국판 '해리 포터' 첫 3개의 시리즈 표지를 비롯해 다양한 연령대를 아우르는 책들을 40권 넘게 작업했어요. 2000년 최초로 블루 피터상을 받았으며, 카네기 메달 후보에도 올랐어요. 지은 책으로는 《하늘과 태양의 노래》, 《우리는 늑대였어》 등이 있습니다.

늑대소녀 고르고

―――◇―――

그리스 신들이 함께한 페르시아 전쟁 이야기

톰 홀랜드 글 | 제이슨 콕크로프트 그림 | 김미선 옮김

책과함께 어린이

이 책을 내 소중한 대자(godson)인
조델과 토리안에게 바칩니다.

―톰 홀랜드

The Wolf-Girl, the Greeks and the Gods: a Tale of the Persian Wars
by Tom Holland, illustrated by Jason Cockcroft
Text ⓒ 2023 Tom Holland
Illustrations ⓒ 2023 Jason Cockcroft
All rights reserved. No part of this book may be reproduced, transmitted, broadcast or stored in an information retrieval system in any form or by any means, graphic, electronic or mechanical, including photocopying, taping and recording, without prior written permission from the publisher.

This Korean edition was published by CUM LIBRO in 2024 by arrangement with Walker Books Limited, London SE11 5HJ through KCC(Korea Copyright Center Inc.), Seoul.

이 책의 한국어판 저작권은 (주)한국저작권센터(KCC)를 통해 저작권자와 독점 계약한 도서출판 책과함께에 있습니다.
저작권법에 의하여 한국 내에서 보호를 받는 저작물이므로 무단 전재와 무단 복제를 금합니다.

차례

- ◆ 들어가며   4
- ◆ 등장인물   6

제1부 | 스파르타에서의 어린 시절

- 1장 | 밤사이 펼친 여행   12
- 2장 | 언덕 위의 뱀   18
- 3장 | 야수의 여신   24
- 4장 | 제우스의 피   32
- 5장 | 치즈 게임   42
- 6장 | "아테네인들을 해방하라"   47
- 7장 | 클레오메네스   57
- 8장 | 늑대의 왕   66
- 9장 | 테미스토클레스   80
- 10장 | 페르시아인   89

제2부 | 페르시아 전쟁

- 11장 | "아테네인들을 기억하라"   104
- 12장 | 죄와 벌   112
- 13장 | 마라톤   124
- 14장 | 변신   135
- 15장 | 침략   145
- 16장 | 숨을 죽이고   152
- 17장 | 테르모필레   160
- 18장 | 최후의 저항   170
- 19장 | 유령의 마을   178
- 20장 | 살라미스 해전   183
- 21장 | 내 이야기   200

들어가며

저는 어렸을 적에 그리스 신과 영웅에 푹 빠져 지냈어요. 신과 영웅이 등장하는 읽을거리라면 모조리 찾아 탐독했지요. 몇 시간이고 그리스 신과 영웅 그림을 그리고는 했어요. 하지만 안타까운 점이 한 가지 있었어요. 영웅의 시대가 끝나고 말았다는 것이죠. 트로이 전쟁이 벌어지고 트로이가 불꽃과 함께 한 줌의 재로 사라진 후, 신들은 자취를 감추었어요. 더 이상 인간들 앞에 나타나지 않았지요. 그리스인들은 이제 요정과 바다 괴물로 가득한 신화 속 세상에 살지 않아요. 그 모든 신비는 사라졌습니다.

그렇다고 해서 그리스인들이 모험을 그만둔 것은 아니에요. 트로이 전쟁이 끝나고 수많은 세월이 흐른 후, 그리스인들은 또 다른 전쟁에 휘말려야 했어요. 이 세상에서 가장 힘센 사람이 이끄는 막강 부대가 그리스를 침략했기 때문이에요. 페르시아 왕은 수백만 대군을 지휘했어요. 그의 병력은 땅을 뒤흔들 정도였지요. 강이 마르도록 물을 엄청나게 많이 마셨어요. 페르시아군의 규모에 비해 엄청나게 밀린다는 것을 알았던 그리스인들은 항복했어요. 하지만 일부는 포기하지 않기로 했지요. 이 용감한 도시들 중에 가장 유명했던 곳이 스파르타와 아테네예요. 두 도시는 죽음을 무릅쓰고 끝까지 싸우기로 했지요. 스파르타 왕이 페르시아군의 손에 죽고 아테네도 불타고 말았지만, 결코 포기하지 않았어요. 그 모든 역경을 이겨내고 결국 침략자를 몰아냈답니다. 그리스는 자유를 되찾았어요.

이 이야기를 처음 읽었을 때, 예전에 읽은 영웅시대의 이야기만큼 흥미진진하다고 생각했어요. 사실 어떤 면에서는 그보다 더 재미있었지요. 무엇보다도 실제로 일어난 모험 이야기이니까요. 테르모필레라 부르는 좁은 계곡 길에서 300명의 스파르타 전사들이 페르시아 군대 전체와 맞서 싸웠어요. 하지만 이 이야기는 신화가 아니라 실제 일어난 역사예요. 전사들의 용감한 왕 레오니다스는 트로이에서 목숨을 잃은 이들만큼이나 제게 영웅과도 같았어요. 하지만 그는 꾸며낸 인물이 아니라 존재하던 사람이었죠. 그래서 더욱 이 이야기에 푹 빠지게 되었어요. 지금도 저는 테르모필레 전투 이야기를 너무나 사랑한답니다.

하지만 어렸을 때 마음 한구석에 자리잡았던 안타까운 생각도 여전히 떨쳐 버리지 못했어요. 신들이 그리스에서 영영 떠나지 않기를 바랐던 마음이지요. 제 딸이 어렸을 때, 우리는 아테네 근처에서 6개월간 살러 갔어요. 그곳에 있는 동안 딸에게 페르시아가 어떻게 해서 그리스를 침략했는지 이야기해 주고는 했지요. 그 이야기 속에는 인간뿐만 아니라 신도 나름의 역할이 있답니다. 이 이야기의 주인공은 스파르타의 공주인 고르고예요. 고르고의 남편 레오니다스처럼, 역시 실제로 있던 인물이었지요. 어린 여자아이였지만 영리하고 용감하기로 유명했어요. 고대의 위대한 영웅 중 하나였던 헤라클레스의 자손이기도 했고요. 덕분에 제가 딸에게 들려주고 싶었던 저만의 이야기에서 아주 완벽한 주인공이 되겠다는 생각이 들었답니다.

여성 영웅뿐만 아니라 남성 영웅도 필요했어요. 그래서 테미스토클레스를 선택했지요. 페르시아 왕에게 항복하지 말고 맞서 싸우자며 아테네인들을 설득했던 바로 그 인물입니다. 트로이에서 10년을 보내고 고향으로 돌아왔던 영웅 오디세우스처럼, 테미스토클레스도 술수가 뛰어나고 용감하며 똑똑했답니다. 저는 그를 아테나 여신이 가장 좋아하는 인물로 만들었어요. 오디세우스를 무척이나 총애했던 여신이라면 테미스토클레스도 좋아할 거라고 생각했거든요.

이 이야기를 이 책에서 재구성해서 담았습니다. 신기한 사건과 모험이 가득하지만 실제 일어난 사건에 바탕을 두고 있어요. 그리스 전사들과 페르시아 왕, 스파르타인들과 아테네인들, 신탁과 전함 등이 모두 등장해요. 요정과 거대 뱀, 마법이 살아 숨쉬는 숲, 신들의 전당, 마법을 부린 둔갑술과 예언도 나오지요. 이 책에 담긴 이야기는 인류 역사상 가장 흥미진진한 이야기 중 하나랍니다. 하지만 그 전에는 한 번도 전한 적 없는 이야기이기도 해요.

2023년, 톰 홀랜드

등장인물

아테나
지혜와 전쟁의 여신

아르테미스
야수의 여신

피레네
여신 아르테미스의 요정

포세이돈
바다의 신

제우스
신들의 신

아폴론
예언과 광명의 신

판
야생의 신

데모스
'민중'

페르세포네
죽음의 여왕

고르고
스파르타 여왕

클레오메네스
스파르타 왕

데마라토스
스파르타 왕

람피토
고르고의 유모

레오니다스
스파르타 왕

테미스토클레스
아테네 장군

다리우스 대왕
페르시아 왕

크세르크세스
페르시아 왕

크로이소스
리디아 왕

"그것은 이상하다 – 하지만 사실이다.
사실은 언제나 이상하므로. 소설보다 더 이상하니까."

◆

조지 고든 바이런

── ⟨ 제1부 ⟩ ──

스파르타에서의 어린 시절

1장

밤사이 펼친 여행

내 이야기 좀 들어 볼래? 내 이름은 고르고야. 나는 스파르타의 여왕이지. 네게 이야기를 들려주러 왔어. 이전에 들었던 여느 이야기와는 달라. 역사적으로 가장 위대한 전쟁에 관한 이야기란다. 전쟁은 몇 년 동안이나 지속되었어. 이름난 도시들이 화염에 휩싸여 사라지고 말았지. 그리스와 아시아의 자랑이었던 천하무적 영웅들은 전쟁에 승리하며 영원한 영광을 남겼어. 어떤 이들은 전성기가 오기 전 세상을 떠났고, 그들의 그림자는 지하 세계로 사라졌지. 또 어떤 이들은 전쟁이 끝나고도 그만큼 불행한 운명과 마주해야 했어. 전쟁에서 돌아왔지만 자신이 살던 궁전에서 살해되고 말았던 이도 있었고. 또 그리스가 승리할 수 있도록 그 누구보다도 많은 일을 해낸 위대한 전략가는 오늘날까지도 세상을 떠돌고 있단다. 그가 언제 고향으로 돌아올 수 있을지 누가 알까?

나 역시 전쟁이 끝난 후, 오랫동안 세상을 떠돌아다녔어. 전쟁에서 싸우고 살아남은 사람들을 만나 이야기를 나누었단다. 전투가 잇따랐던 들판을 여행하고 바닷길을 항해했어. 전쟁 동안 일어났던 일들을 모두 이해하려 노력했어. 동양과 서양이 왜 전쟁에 나서게 되었는지 말이야. 내 나름대로 작게나마 역할을 맡았는데 어떤 일을 했는지 들려줄게. 그렇다고 이 이야기는 나만의 것이 아니야. 인간뿐만 아니라 신들 모두 저마다 역할을 맡았던 이야기이지. 지금까지 네가 들었던 이야기와는 달라.

아마도 내가 어렸을 적 어느 날 밤, 잠에서 깨어났을 때 늑대가 날 빤히 쳐다보고 있다는 걸 알아채지 못했다면, 이 이야기를 들려주지 못했을 거야. 내 이야기는 어느 날 오후, 타이게투스 산비탈을 올라갔을 때 시작된단다. 타이게투스는 메세니아에서 스파르타에 이르는 다섯 개의 가파른 산봉우리를 말해. 친구와 나는 그곳을 한 번도 탐험한 적이 없었어. 항상 가 보고 싶기는 했지. 그리고 스파르타 왕인 우리 아버지로 말할 것 같으면, 전쟁 때문에 항상 궁을 비우셨어. 우리 어머니는 아파서 하루 종일 침대에 누워 계셨어. 그래서 날 막을 사람은 아무도 없었지.

우리는 오후 내내 놀았어. 해가 뉘엿뉘엿 저물기 시작해서야 길을 잃었다는 것을 알게 되었지. 아마도 우리 중 누군가는 울고 싶었을지 몰라. 하지만 아무도 울지 않았어. 우리는 그

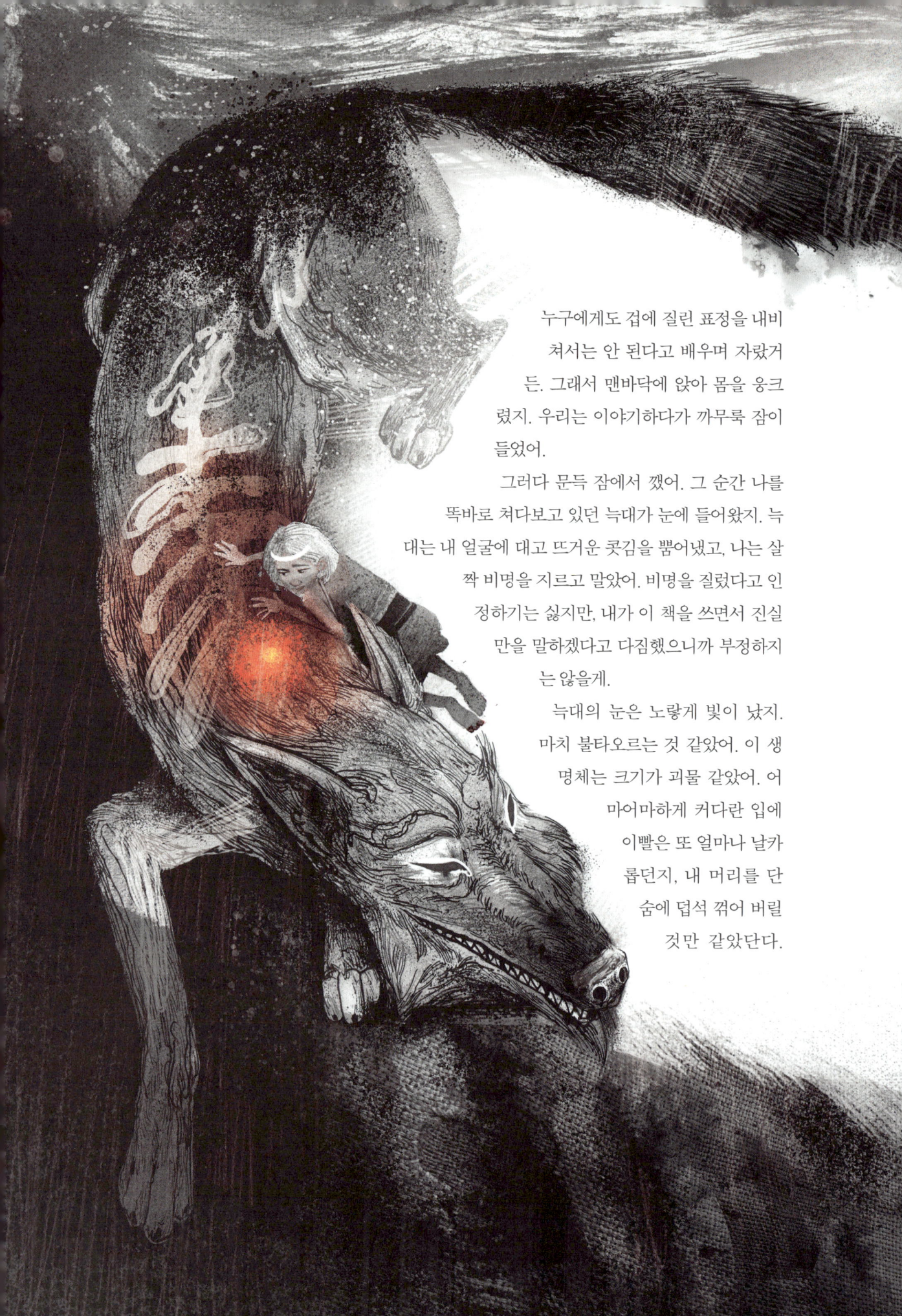

누구에게도 겁에 질린 표정을 내비쳐서는 안 된다고 배우며 자랐거든. 그래서 맨바닥에 앉아 몸을 웅크렸지. 우리는 이야기하다가 까무룩 잠이 들었어.

그러다 문득 잠에서 깼어. 그 순간 나를 똑바로 쳐다보고 있던 늑대가 눈에 들어왔지. 늑대는 내 얼굴에 대고 뜨거운 콧김을 뿜어냈고, 나는 살짝 비명을 지르고 말았어. 비명을 질렀다고 인정하기는 싫지만, 내가 이 책을 쓰면서 진실만을 말하겠다고 다짐했으니까 부정하지는 않을게.

늑대의 눈은 노랗게 빛이 났지. 마치 불타오르는 것 같았어. 이 생명체는 크기가 괴물 같았어. 어마어마하게 커다란 입에 이빨은 또 얼마나 날카롭던지, 내 머리를 단숨에 덥석 꺾어 버릴 것만 같았단다.

나는 늑대를 빤히 쳐다보았고 늑대도 나를 바라보았어. 밤사이 기온이 내려 차가워진 공기가 온몸에 느껴졌는데, 내가 죽기 전 마지막 느낌이 아닐까 싶었어.

그런데 늑대가 나에게 애원하듯 낑낑댔어. 네 발을 살포시 내려놓고 나를 다시 쳐다보지 뭐야. 마치 나를 기다리는 것 같았지. 나는 손을 뻗어 늑대를 만졌어. 늑대는 머리만 살짝 흔들 뿐 움직이지 않았지. 나는 녀석을 가만가만 쓰다듬었단다. 털이 매우 두꺼웠어. 이번에는 일어서 보았어. 늑대가 또다시 머리로 몸짓을 했지. 내 귀를 늑대 옆에 대 보았더니, 녀석의 심장이 두근대는 소리가 들렸어. 늑대가 몸을 고쳐 앉았어. 마치 내가 무언가 하기만을 기다리는 것 같았지. 그러다 늑대의 의도를 알아차릴 수 있었어. 나는 늑대의 등에 기어올라 녀석의 커다란 어깨 위 털을 움켜잡았지. 늑대는 공중으로 코를 킁킁거렸어. 그러고 나서 하늘 위로 높이 뛰어올랐고, 우리는 자리를 벗어났어.

늑대를 타고 달리다니 마치 꿈만 같았어. 우리는 타이게투스 산의 내리막길을 달려 달빛이 비치는 공터와 그림자를 지나 마침내 스파르타에 다다랐지. 그 뒤로 늑대는 천천히 달렸어. 엄마가 아파서 누워 있는 우리 집에 도착해서야 늑대는 마침내 걸음을 멈추었어. 나는 늑대의 등에서 미끄러지듯 내려왔어. 늑대는 나지막하게 낑낑대더니 내 얼굴을 핥았지. 혀가 참 억세더라.

그러더니 늑대는 사라져 버렸어. 나는 상상 속에서 만난 게 아닌가 하며 어안이 벙벙했어. 하지만 엄마가 누워 계신 방 밖에 내가 있었는걸. 그러니 충분히 현실이라고 할 수밖에. 늑대는 어떤 이유로 나를 집까지 데리고 온 게 틀림없었어.

방 안으로 들어가자 엄마 곁에 있던 여자들이 나를 보고 깜짝 놀랐어. 그중에 한 명이 젖은 천으로 엄마의 눈썹을 닦고 있다가, 천을 내려놓고 쉿 소리를 내며 가라고 손짓했지. 그러자 엄마가 손을 들었어.

"아니야."

엄마는 꺼져 가는 목소리로 말하고는 간호하던 사람들을 내보냈어.

그러고는 팔을 뻗었고 나는 엄마에게 기대서 잠자코 있었지. 엄마의 몸이 어찌나 뜨겁던지! 여느 때보다도 더 뜨거웠어. 엄마는 가쁜 숨을 힘겹게 몰아쉬고 있었어.

"엄마."

내가 속삭이며 엄마에게 더 힘차게 파고들었지.

우리는 오랫동안 아무 말도 하지 않은 채, 함께 누워 있었어. 그러다가 엄마가 손을 들고 뭐라 말을 하려 했어.

"고르고."

"엄마?"

엄마가 침을 꿀꺽 삼켰어. 온몸의 에너지를 쥐어짜고 있다는 게 느껴졌어.

"아테네에서는…."

엄마가 작게 속삭였고 목소리가 점점 잦아들었지. 그러다 다시 말해 보려 했어.

"아테네에서는… 여자아이들이, 아테네의 여자아이들이…."

"네, 엄마?"

"곰으로 변해."

나는 고개를 들어 엄마를 바라보았어. 왜 내게 이런 말을 하는지 알 수 없었으니까. 아테네가 어디지? 왜 여자아이들이 곰으로 변하는 거야? 그게 나랑 무슨 상관이라고?

"네 아버지…."

엄마가 조용하게 말했어.

"나… 나는 아들을 낳지 못했어. 하지만 고르고, 너는…."

엄마는 내 손을 꼭 잡은 채 눈을 바라보았어. 엄마의 눈은 필사적으로 반짝였지. 나는 엄마에게 더 가까이 다가가 손짓했어. 엄마 입에 귀를 가까이 댔지. 입술은 불이 붙은 듯 뜨거웠어.

"위험이 오고 있어."

엄마가 쉰 목소리로 웅얼거렸어.

"네 아버지는… 스파르타는…."

엄마가 헉헉 숨을 몰아쉬었어. 온몸의 힘을 다 끌어모으고 있는 것을 알 수 있었지. 마침내 엄마가 입을 열었을 때 다급하게 쌕쌕거리는 목소리가 지속되었어.

"페르시아가…."

엄마가 격하게 기침을 내뱉자 피가 온 가슴에 튀었어.

"페르시아인들이 오고 있어."
그러더니 엄마는 베개 위로 고꾸라졌어. 숨을 가쁘게 헐떡이면서 말이야.
나는 엄마를 끌어안았어.
"엄마."
그리고 나지막하게 말했어.
"사랑해요, 엄마. 가지 말아요."
하지만 너무 늦고 말았단다.
그렇게 나는 누워서 엄마를 꼭 끌어안았어. 하인들이 들어와서야 무슨 일이 일어났는지 알게 되었지. 나는 슬픔에 잠겨 흐느끼기 시작했어.

2장

언덕 위의 뱀

우리 아버지 클레오메네스 왕은 어머니의 장례식을 치르러 돌아오지 않았어. 전쟁에 나가 계신 아버지는 부하들을 저버리고 올 수 없었어. 내 나이 겨우 열 살이었지만, 내가 장례식을 이끌었단다. 나는 구리로 만든 가마솥을 두드리며 도시를 오르내렸어. 다른 여자 어른과 아이들이 내 뒤를 따랐고, 그 사이에 기병이 스파르타를 둘러싼 땅인 라코니아 주위를 전속력으로 달리며 모든 사람들에게 몸을 재로 뒤집어쓰고 삼베옷을 입으라고 알렸어.

나는 엄마가 보고 싶었어. 지하 세계에서 유령이 되어 죽은 자의 땅을 정처 없이 돌아다닐 엄마를 생각하면 눈물이 나왔지만, 내가 울기를 바라지 않으시리라는 것을 잘 알고 있었지. 스파르타에서는 그런 태도가 쓸데없는 짓이라고 여기니까. 엄마는 용감하고 똑똑했으며, 결단력이 있고 자부심도 강했어. 그 전에는 이런 분을 본 적이 없었지. 정말이라고 맹세해. 엄마는 내 안에서 살아갈 거야.

물론 엄마가 마지막으로 남긴 말도 잊지 않을 거야. 아테네는 어디이고, 왜 그곳에 사는 여자아이들이 곰이 된다고 한 걸까? 페르시아인들은 또 뭐고? 왜 엄마가 마지막 숨을 삼키며

말을 해야 할 정도로 중요했던 것일까? 슬픔에 빠져 있던 가운데에도 이 의문들이 머릿속을 떠나지 않았어. 풀리지 않는 의문은 더 있었어. 늑대가 왜 타이게투스 언덕배기에서 내 앞에 나타났을까? 하지만 다행히도 답을 찾으러 너무 헤매지 않아도 되었어. 나를 키워 준 유모가 있었거든.

유모인 람피토는 스파르타에서 가장 수다스러운 여자였어. 사실 스파르타가 속한 지역인 라코니아 전체를 통틀어도 람피토보다 말이 많은 사람은 없었지. 온갖 일에 관심이 많아서 누구에게나 이야기를 하고 다녔고, 람피토 같은 사람은 그 어디에도 없었어. 우리 스파르타인들은 보통 말을 많이 하지 않거든. 우리는 잠자코 조용히 있도록 훈련받지.

남자아이들은 말을 많이 하면 두들겨 맞아. 말할 것이 있다 해도 가능한 짧고 간단하게 말해. 그래서 다른 도시에서는 짧고 사무적인 태도로 말하는 사람을 두고 '라코니아 사람' 같다고 부른단다. 우리 아버지와 어머니는 내게 말을 꺼내기 전에 언제나 생각부터 하라고 가르치셨지만, 람피토는 재미있게 생각하셨어. 부모님은 람피토가 그토록 다양한 분야를 알고 있다는 사실에 감탄하셨고, 자신의 관심사를 내게도 나누라고 독려하셨단다. 그래서 람피토는 부모님의 말씀대로 했지.

어느 날 저녁, 엄마가 지하 세계로 떠난 지 얼마 되지 않았을 즈음이었어. 나는 별을 바라보고 있던 람피토 옆에 앉아 아테네가 어디인지 물어보았지.

"아테네요?"

람피토가 코웃음 치며 대답했어.

"아테네를 건드리고 싶지 않으실걸요."
"왜?"
"아테네인들의 첫 번째 왕은 다리 대신 뱀의 꼬리가 있었대요."
"오."
나는 유모의 말을 곰곰이 생각해 보았어.
"왜?"
"저도 모르죠. 그냥 그렇게 태어났다니까요. 왕의 이름은 케크롭스였어요. 그런데 딸들이 난처한 상황에 빠졌답니다."
"정말?"
"네, 그래요. 왕에게는 딸이 세 명 있었어요. 아테나 여신은 딸들에게 상자를 하나 주며 아크로폴리스에 안전하게 보관하라고 일렀지요. 아크로폴리스가 무엇인지 알아요, 공주님?"
나는 고개를 가로저었어.
"'높은 도시'라는 뜻이에요. 스파르타에도 아크로폴리스가 있지요. 그리스의 도시라면 모두 아크로폴리스가 있어요. 하지만 아테네에 있는 아크로폴리스가 그리스에서 가장 크고 유명하답니다. 평지 한가운데에 우뚝 서 있는 거대한 바위예요. 아테네인들은 그 주위에 도시를 지었고요."
람피토가 잠시 말을 멈추더니 얼굴을 찌푸렸어.
"지금 제가 어디까지 말했죠?"

"케크롭스의 딸들. 뱀처럼 꼬리가 있다던? 아테나 여신이 딸들에게 상자를 주었다고."

"맞아요, 그랬죠. 아테나 여신은 무슨 일이 있어도 상자를 열어 보지 말라고 했어요. 물론 딸들은 철부지 여자아이들이었기 때문에 바로 열어 버렸죠. 상자 안에는 아기가 있었어요. 뱀이 아기의 팔다리 주위에 똬리를 틀고 있었고요. 그 광경을 본 딸들은 너무나 놀란 나머지, 비명을 지르며 아크로폴리스에서 뛰어내리고 말았어요. 아기는 에리크토니오스라 불렸어요. 자라서 아테네의 두 번째 왕이 되었답니다. 마차를 최초로 탄 사람이고, 처음으로 소에게 멍에를 씌워 쟁기질을 했지요. 그 사이에 뱀은 아크로폴리스 꼭대기의 구멍에 보금자리를 만들었어요. 뱀은 오늘날까지도 살고 있답니다. 아테네 소녀들이 돌아가며 뱀을 돌보고 있어요. 매일 소녀들 중 한 명이 아크로폴리스 위에 올라 뱀에게 꿀을 바른 케이크를 먹이로 주지요. 뱀은 죽지 않고 영원히 산다고 해요. 그리고 아테네에서 신성하게 여겨진답니다. 여신이 아테네인들과 도시에 보내는 사랑의 징표이지요. 뱀이 아크로폴리스에서 사는 한, 사람들은 아테네가 절대 망하지 않을 거라 말해요."

"아테나 여신이 왜 아테네인들을 사랑하는 거야?"

내가 이어서 물었어.

"그 이유는… 잘은 모르겠지만… 누가 그러는데 아테네 여자아이들이 곰으로 변해서?"

람피토가 그 말을 듣고 나를 바라보더니 눈을 가늘게 떴어.

"아마도 그럴 거예요. 그런데 누가 그런 말을 하던가요?"

나는 아무 대답도 하지 않았어.

람피토가 고개를 끄덕이고는 내게 입맞춤을 해 주었지.

"공주님께 아직 알려 드리지 않은 것이 많기는 해요."

람피토가 인정했어.

"신에 대해서요. 그리스 나머지에 대해서도. 물론 스파르타인들은 최고이고 가장 용감해요. 말하지 않아도 누구나 알지요. 그렇지만 세상에 스파르타만 있는 것도 아니고, 공주님은 되도록 많이 알아 둘 필요가 있어요. 공주님의 어머니도 제가 공주님께 그 어떤 비밀이 있기를 원하지 않으실 거예요."

람피토는 음흉한 눈길로 나를 내려다보았어.

"그럼 내일 저녁에…."

"하지만 람피토…."

"내일 저녁에 신과 곰에 대해 이야기할 거예요. 그렇게 말했으니 오늘은 여기에서 끝."

람피토는 자리에서 일어섰어.

3장

야수의 여신

"이야기는 신과 함께 시작되지요."
 다음 날 저녁, 람피토가 말했어. 나는 또다시 별을 바라보며 람피토의 팔에 기대고 누웠지.
 "그리스의 모든 것은 신과 함께 시작되어요. 공주님도 알다시피 신들은 그리스를 사랑하시지요. 이곳에 사는 우리의 특권이랍니다. 하지만 우리가 받은 저주이기도 해요. 신의 사랑은 위험하거든요. 누구나 그 사실을 알아요. 인간은 본래 신의 힘으로 파괴되기 쉽답니다."
 람피토가 말을 잠시 멈추다가 내키지 않는 목소리로 이어 갔어.
 "사실, 저는 신들이 그리스만 사랑한다고 우기려는 건 아니에요. 신들은 다른 땅도 지극히 사랑하시지요. 신들 중에는 때로 땅의 가장자리를 스스로 찾아가 보는 분들도 있어요. 이를테면 예언과 광명의 신이자, 뛰어난 궁수였던 아폴론처럼 말이죠. 신께서는 해가 결코 지지 않는 머나먼 북쪽까지 나아갔어요. 그곳에 사는 사람들에게는 거대하고 둥그런 석조 사원이 있었답니다. 아폴론께서 어떻게 그곳까지 날아갔을까요? 그건 말이죠, 공주님, 야생 백조의 등 위에 올라타고 갔답니다."
 "한편, 바다의 주인 포세이돈도 있었어요. 그는 아폴론과 반대 방향으로 향했지요. 머나먼 남쪽에서 포세이돈은 세상에서 가장 잘생긴 사람들인 에티오피아인들과 함께 실컷 놀고먹었어요. 에티오피아인들은 존경을 담아, 제물로 바치고자 수소를 죽였고 양도 수백 마리나 잡았지요. 이들은 신들을 환영하는 법을 알았어요. 그러니 포세이돈이 에티오피아를 즐겨 찾았다는 사실은 별로 놀라운 일은 아니었지요."
 "하지만 신들에게 고향은 언제나 그리스예요. 영원히 사는 자들의 왕궁은 지금 우리가 앉아 있는 이곳에서 북쪽으로 수천 킬로미터 떨어져 있어요. 올림포스라는 산의 정상에 있지요. 제가 전에 이야기한 적이 있는데 기억해 주었으면 좋겠어요, 공주님. 반짝반짝 빛나는 정상에서 신들은 인간의 세계를 물끄러미 바라보고 있답니다. 길 위에서 어떤 바람이 산자락을 타고 지나가는지 내려다보고 있고, 곤충처럼 작아 보이는 인간의 모습에 감탄해요. 수레에 탄 인간은 아폴론과 달리, 여행을 하고 싶을 때 빛처럼 공중에서 일렁일 수 없어요. 그렇게는 안 되죠, 공주님. 우리는 부딪히고, 충돌하며, 멍이 들어요."
 "게다가 수레가 갈 수 없는 곳도 많답니다. 올림포스 산 남쪽으로 쭉 뻗어 있는 땅은 울퉁

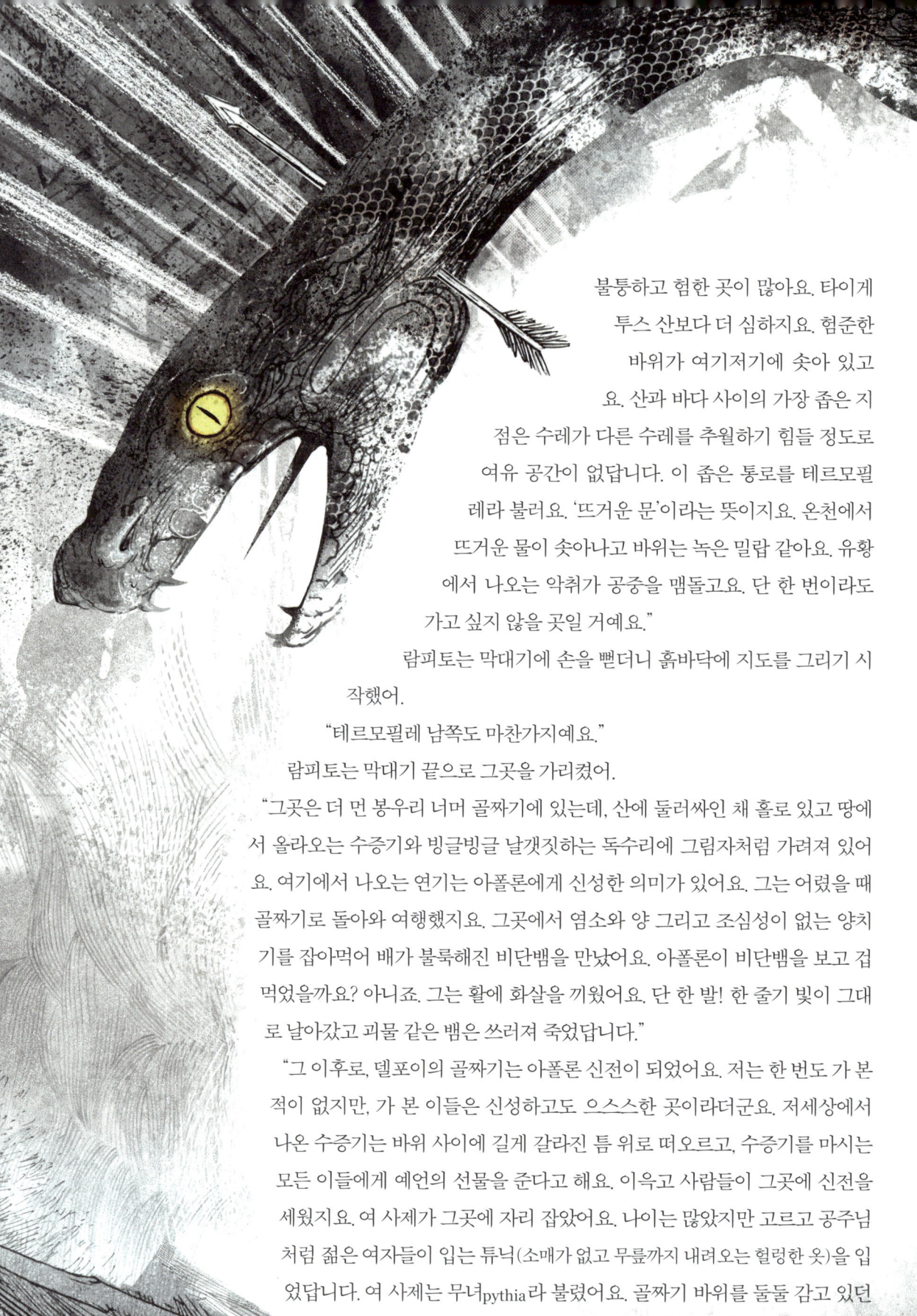

불퉁하고 험한 곳이 많아요. 타이게투스 산보다 더 심하지요. 험준한 바위가 여기저기에 솟아 있고요. 산과 바다 사이의 가장 좁은 지점은 수레가 다른 수레를 추월하기 힘들 정도로 여유 공간이 없답니다. 이 좁은 통로를 테르모필레라 불러요. '뜨거운 문'이라는 뜻이지요. 온천에서 뜨거운 물이 솟아나고 바위는 녹은 밀랍 같아요. 유황에서 나오는 악취가 공중을 맴돌고요. 단 한 번이라도 가고 싶지 않을 곳일 거예요."

람피토는 막대기에 손을 뻗더니 흙바닥에 지도를 그리기 시작했어.

"테르모필레 남쪽도 마찬가지예요."

람피토는 막대기 끝으로 그곳을 가리켰어.

"그곳은 더 먼 봉우리 너머 골짜기에 있는데, 산에 둘러싸인 채 홀로 있고 땅에서 올라오는 수증기와 빙글빙글 날갯짓하는 독수리에 그림자처럼 가려져 있어요. 여기에서 나오는 연기는 아폴론에게 신성한 의미가 있어요. 그는 어렸을 때 골짜기로 돌아와 여행했지요. 그곳에서 염소와 양 그리고 조심성이 없는 양치기를 잡아먹어 배가 불룩해진 비단뱀을 만났어요. 아폴론이 비단뱀을 보고 겁먹었을까요? 아니죠. 그는 활에 화살을 끼웠어요. 단 한 발! 한 줄기 빛이 그대로 날아갔고 괴물 같은 뱀은 쓰러져 죽었답니다."

"그 이후로, 델포이의 골짜기는 아폴론 신전이 되었어요. 저는 한 번도 가 본 적이 없지만, 가 본 이들은 신성하고도 으스스한 곳이라더군요. 저세상에서 나온 수증기는 바위 사이에 길게 갈라진 틈 위로 떠오르고, 수증기를 마시는 모든 이들에게 예언의 선물을 준다고 해요. 이윽고 사람들이 그곳에 신전을 세웠지요. 여 사제가 그곳에 자리 잡았어요. 나이는 많았지만 고르고 공주님처럼 젊은 여자들이 입는 튜닉(소매가 없고 무릎까지 내려오는 헐렁한 옷)을 입었답니다. 여 사제는 무녀pythia라 불렸어요. 골짜기 바위를 둘둘 감고 있던 거대 뱀의 이름을 따서 지었지요. 무녀는 연기를 가슴 깊이 들이마셨어요! 그리스 이곳저곳에서 여행 온 사람들은 무녀에게 온갖 질문을 던졌어요. 사람들은 무녀가 자신의 목소리뿐만 아니라 귀한 아폴론의 목소리도 낼 수 있다는 사실을 알고 있었거든요. 무녀의 말은 곧 신의 말이에요."

"라코니아를 돌아다닌 적이 있지요, 고르고 공주님. 인적이 드문 곳을 간 적이 있어요. 그리스에는 델포이처럼 신들과 가까운 곳이 많다는 사실을 공주님도 알잖아요. 신들은 우리의 산과 온천, 수풀을 종종 찾아온답니다. 우리 인간들은 신들의 존재를 느끼려 할 필요가 없어요. 신에 대한 이야기가 퍼져 나가니까요. 사람들은 제물을 바치고, 어떤 이는 제단을 놓는답니다. 바야흐로 델포이처럼 신전이 만들어지겠지요. 하지만 신들을 대수롭게 여겨서는 절대로 안 돼요. 신전은 조심스럽게 다가가야 해요. 아폴론은 미래를 볼 때 수수께끼처럼 말한답니다. 그는 치유의 선물을 가지고 있지만, 그의 활 끝은 독이 묻어 있어요. 그 아름다움은 한편으로는 인간을 죽일 수 있을 정도로 치명적일 수 있답니다."

"아폴론의 쌍둥이 누이도 위험하기는 마찬가지였어요. 아, 아르테미스를 조심하세요, 공주님! 아르테미스는 자신의 오빠처럼 궁수이고, 사냥하는 데 열정을 쏟았지요. 한번 정한 목표물은 실패한 적이 없어요. 아르테미스는 고르고 공주님처럼 짧은 머리를 하고, 등에는 화살 통을 멘 채, 손에는 은빛 활을 들고 올림포스 산에서 내려오곤 해요. 그리고 타이게투스 같은 곳에 나타나지요. 야생 동물이 떠돌아다니는 숲과 수풀 말이에요."

람피토가 잠시 말을 멈추었어. 평소에 람피토의 얼굴은 둥글고 까무잡잡했으며 행복한 표정을 하고 있지. 지금은 퍽 달라 보였어. 창백하고 차분해 보였지 뭐야.

"타이게투스 산을 오를 때 아르테미스 여신을 본 적이 있나요, 공주님?"

나는 고개를 절레절레 흔들었어. 산에서 내가 무엇을 보았는지 람피토에게 말하고 싶지 않았지. 나만의 것으로 간직하고 싶었어.

"아마도 어느 날, 한여름의 열기 속에 태양빛을 가려 줄 정도로 빽빽한 숲속에서, 아니면 보름달이 밝게 비치는 한밤 강둑에서, 아르테미스 여신을 언뜻 보게 될지도 몰라요. 하지만 조심하세요, 공주님. 걸음걸이를 아주 조심스럽게 해야 해요. 아르테미스는 숲속에서 혼자 돌아다니지 않아요. 생기와 나무의 정령인 요정과 함께 다닌답니다. 멀리서 보면 마치 밀려 들어 오면서도 결코 부서지지 않는 파도 같아요. 가까이 다가가면 아름다운 소녀들의 모습을 하고 있지요. 아르테미스는 자신과 함께하는 이들에게 엄격해요. 요정들은 그 누구도 남자를 바라볼 수 없어요. 하물며 입맞춤은 더더욱 못 하지요. 여신은 자기 사생활을 간섭받지 않도록 아주 철저히 감시한답니다."

"한번은 한 사냥꾼이 테르모필레에서 남쪽으로 쭉 뻗어 있는 비옥한 평야, 보이오티아의 숲에서 아르테미스가 목욕하는 모습을 우연히 보고 말았어요. 아주 끔찍한 실수였지요. 아르테미스는 사냥꾼을 사슴으로 변하게 만들었고, 사냥꾼은 아르테미스의 개들에게 갈가리 찢기고 말았답니다. 아르테미스의 목욕을 도와주던 요정들은 그 광경을 한 시도 잊은 적이 없어요. 자기 주인을 배신하면 어떻게 되는지 누구보다도 잘 알고 있었지요. 쫓기면 끝이었어요."

그런데 람피토가 이 이야기를 하는 순간, 사슴이 갑자기 나무 사이에서 나타나더니 우리를 바라보았어. 사슴은 안달하거나 도망가기는커녕 나뭇잎만 오물오물 씹었지.

"쉿!"

람피토가 손가락을 들어 올려 자기 입술에 갖다 댔어. 우리는 조용히 함께 앉아, 사슴이 총총거리며 떠날 때까지 잠자코 바라보았지.

"사냥할 때에는 매우 무시무시할지 몰라도…"

유모가 나긋나긋 속삭였어.

"아르테미스는 야생 동물도 사랑했어요. 동물들은 아르테미스가 야수의 여신이라는 것을 알고 있지요. 여신이 죽이지 않는 동물들은 자신이 보호해 주어요. 아르테미스와 요정들은 사냥을 쉬고 있을 때 새끼 사자들과 놀곤 하지요. 늑대들이 배를 뒤집고 뒹굴뒹굴 구르면, 아르테미스가 신성한 손가락으로 배를 간지럽혀 주어요. 사슴들은 여신을 다정하게 핥아 주고요."

람피토가 고개를 돌려 나를 바라보았어. 여느 때보다도 진지한 표정이었어.

"사냥꾼이 하는 가장 위험한 행동은…."

람피토가 목소리를 더욱 낮추어 이야기했어.

"아르테미스가 가장 좋아하기로 택한 동물을 죽이는 거예요. 언젠가 어떤 왕이 수풀에서 여신이 신성시하는 수사슴을 죽인 적이 있어요. 아르테미스는 그 대가로 왕의 딸을 제물로 바치라 일렀지요. 그래요, 공주님. 왕은 자신의 딸을 죽일 수밖에 없었어요. 상상도 하기 힘든 일이지요! 하지만 그 다음 일도 아르테미스를 화나게 했지요. 젊은 남자들 한 무리가 여신이 애지중지하는 곰을 그물로 잡았지 뭐예요. 그리고 창으로 곰을 죽이고 말았어요. 아르테미스는 브라우론이라 부르는 곳의 바닷가 가까이에서 피투성이가 된 곰의 시체를 찾아냈어요. 사냥꾼의 흔적은 보이지 않았어요. 하지만 여신은 멀리 볼 필요가 없었지요."

"브라우론은 아티카에 있는 마을이에요. 아티카는 보이오티아 옆에 있는데, 아테네가 바로 이곳의 수도이지요. 아르테미스는 이곳에서 사냥꾼들을 발견했어요. 여신은 어깨 뒤로 손을 뻗어 화살을 꺼내고는 활을 당겼어요. 그리고 분노와 슬픔에 차오른 나머지, 아테네를 멸망시킬 정도로 어마어마한 폭풍우를 쏟아내려 했답니다. 도시에 남은 소녀들은 모두 곰의 죽음을 대가로 자신의 목숨을 내놓아야 했어요."

"하지만 그때 아르테미스는 활을 내려놓았어요. 왜 그랬을까요? 그 이유는 아무도 확실히 몰라요. 신들은 내키는 대로 행동하거든요. 우리가 신들이 하는 행동을 매번 이해할 수는 없어요. 하지만 무언가 아르테미스를 주저하게 했겠지요. 동물의 여신에게 연민이 자연스럽게 생겨나지는 않거든요. 아마도 자신만큼이나 위험하고 강력한 여신만이 마음을 바꾸도록 설득할 수 있을지 몰라요. 아르테미스는 이 세상 야생 지대의 주인이에요. 하지만 도시를 계속 지켜보던 배다른 언니도 있었답니다."

"아테나는 아르테미스처럼 신들의 왕, 제우스의 딸이에요. 하지만 아르테미스와는 달리 어머니가 없지요. 아버지의 두개골이 쩍 갈라졌을 때 튀어나왔어요. 아테나를 본 사람은 많지 않아요. 아테나가 아주 좋아하는 사람들만 실제 모습을 보았는데, 매우 아름답다고 전해져요. 아테나의 눈은 깊이를 알 수 없는 웅덩이처럼 그윽해요. 반짝이는 보석 같은 눈은 회색으로 환히 빛나고요. 바로 아테나를 알아볼 수 있는 특징이지요. 아테나는 온몸을 무장했어요. 제우스의 머리에서 처음 모습을 드러냈을 때 우렁찬 목소리로 울음을 터뜨리자, 올림 포스에 있던 모든 이들이 그 소리를 듣고 몸을 덜덜 떨었답니다. 그 이후로 아테나는 즐기듯 전쟁터로 나갔어요. 적군이 갑옷과 무기를 번쩍이며 서로 만날 때, 아테나는 군사 대열 사이를 보이지 않게 휩쓸고 지나가고, 앞으로 다가올 학살에 기뻐하며 몸을 부들부들 떨곤 한답니다."

"그런데 아테나는 평화의 여신이기도 해요. 양털로 직물을 짜고 목공 기술로 평화를 표현하지요. 무엇보다도 지식을 최고로 쳐요. 더 똑똑하고 솜씨 좋은 사람일수록 아테나가 좋아할 가능성이 높답니다. 제 생각에는 그래서 아테나가 아테네를 자신의 도시로 선택한 것 같아요. 이 사실을 인정하기 싫지만, 아테네인들은 세상에서 가장 똑똑한 사람들이거든요. 뭐, 누구나 이것이 진실이라는 것을 알고 저도 부정할 생각은 없으니까요."

"지난밤에 물어본 적이 있지요, 공주님. 왜 아테나가 아테네인들을 사랑하느냐고요. 음, 이제 말해 줄게요. 시합을 치르고 나서 아테나가 도시의 수호신이 되었어요. 바다의 주인인 포세이돈도 자신이 아테네의 주인이라고 주장했기 때문에 시합을 했거든요. 누가 아테네인들에게 더 좋은 선물을 주는지를 두고 겨루었어요. 아테네의 왕이 심판관으로 나섰어요. 두 신들 모두 아크로폴리스에 모였어요. 포세이돈이 삼지창 끝을 내리쳤지요. 그러자 높이 솟아오르는 하얀 파도처럼, 한 번도 본 적이 없는 말이 바위에서 자리를 박차고 일어섰어요. 하지만 아테나는 꿈쩍도 하지 않았답니다. 자신의 서늘한 손으로 말을 진정시키고는 굴레를 씌우고 길들였어요. 그러더니 창으로 아크로폴리스 꼭대기를 두드렸지요. 나뭇가지가 바위를 뚫고 구불구불 솟아오르더니 나뭇잎이 나왔어요. 역사상 최초의 올리브 나무였지요. 세상에서 가장 귀중한 선물이었어요. 올리브는 기름을 주지요. 기름은 불을 붙일 수 있게 해 주고,

그러면 음식을 만들 수 있어요. 올리브 기름을 몸에 문지르면 피로가 풀리고요. 결국 회색 눈의 아테나가 시합에서 이겼어요. 도시는 아테나의 이름을 따서 지어졌답니다."

"그래서 아르테미스가 아테네를 죽음에 이르도록 하려다 만 것 같아요. 제 생각이지만 아르테미스가 도시 끝자락에 서서 활에 화살을 꽂다가, 갑자기 언니 생각이 나서 마음을 고쳐먹은 것이지요. 아르테미스는 자신의 무시무시한 활로 아테네인들을 불구덩이에 밀어 넣지 않기로 했어요. 그렇다고 완전히 단념한 것은 아니었어요. 여전히 대가는 치러야 했지요. 지금도 치르고 있고요."

"해마다 의식이 열리거든요. 아테네에서 열 살이 된 모든 어린 소녀들은 샤프론으로 만든 드레스를 입고 브라우론까지 걸어가요. 그곳에 있는 아르테미스의 신전에서 소녀들은 여신에게 제물을 바친답니다. 그러고 나서 소녀들은 모두 곰이 되어요. 일 년 동안 곰들은 야수의 여신이 가장 좋아하는 동물로서 산과 숲을 돌아다녀요. 일 년이 지나면 다시 인간의 몸으로 돌아간답니다. 이런 과거를 잊고 사는 아테네 여자는 단 한 명도 없어요. 아주 늙어서 이가 빠지고 손주들을 돌볼 때에도, 도시의 언덕에서 어딘가를 바라보며 한때 자신이 곰이었던 과거를 떠올린답니다. 아르테미스와 함께 달렸을 때 기분이 어땠는지 기억하고는 해요."

4장

제우스의 피

깊은 밤 나는 잠을 청하며 람피토가 했던 말을 곱씹어 보았어.

다음 날 아침, 잠에서 깨자마자 람피토를 찾아 달렸지. 꿈속에서까지 계속 떠오르던 질문이 하나 있었거든.

"스파르타 소녀들은 곰으로 변하지 않아?"

람피토가 고개를 저었어.

"제가 아는 한 변하지 않아요."

"그럼 엄마는 왜 그런 이야기를 했지?"

유모가 다시 고개를 절레절레 흔들며 마지못해 맞장구쳤지.

"저도 궁금하기는 해요. 그것 말고 다른 말씀은 안 하시던가요?"

"곰에 관해서는 더 이상 이야기하지 않으셨어. 페르시아인들만 말씀하셨지. 페르시아인들이 오고 있다고."

"흠, 그 점에 대해서는 제가 도울 방법이 없네요."

나는 깜짝 놀라 람피토를 바라보았어.

"하지만 왜? 다 알고 있다며!"

"제가 왜 페르시아인들을 신경써야 하죠? 그리스인도 아닌데. 페르시아인들은 아시아 한가운데에 산다고요! 그게 저랑 무슨 상관인데요?"

"람피토!"

나는 람피토에게 무척이나 화가 났어. 시간이 흘러 내가 조금 더 나이를 먹었을 때, 람피토가 외국인에게 관심이 없다는 사실이 그렇게 유별나지 않다는 것을 깨달았지. 스파르타인들은 여행을 좋아하지 않아. 그리스 말고 다른 일로 스스로를 귀찮게 하는 것도 별로 좋아하지 않고. 하지만 그 당시에는 람피토를 이해할 수 없었지. 그렇게 세상일에 귀를 쫑긋 세우면서도 하필이면 엄마가 경고했던 그 한 가지에만 관심이 없던 것을 말이야.

"페르시아인들에 대해 아는 거 있지?"

나는 람피토를 몰아붙였어.

"맞지?"

람피토가 고개를 흔들었어.

"아무것도 없다고?"

"음…."

람피토가 오랫동안 생각에 빠졌어. 그러다 갑자기 얼굴이 환해졌지.

"하나 있긴 하지요, 물론. 꽤나 오래 잊어버리고 있었네요. 공주님은 페르시아 왕들과 먼 친척이에요!"

나는 놀라서 유모를 바라보았어.

"내가 페르시아의 왕과 친척이라고?"

"그래요, 요 귀염둥이 공주님."

람피토가 웃으며 내 턱을 간질여 주었어.

"공주님과 전하 그리고 전하의 아버지 그리고 또 그 위의 아버지 등등. 왜냐하면 페르시아 왕들은 공주님처럼 제우스의 후손이기 때문이지요."

나는 휘둥그레진 눈으로 람피토를 멍하니 바라보았어.

"제우스라면 신들의 왕? 람피토, 왜 내게 단 한 번도 이야기하지 않았어?"

"어린 여자아이들이 너무 거만해져서는 안 되기 때문이죠. 공주님 친구들 앞에서 너무 뽐내지 않도록 하기 위해서예요. 하지만 공주님도 이제 다 컸으니, 오만하게 굴지 않으리라 믿어요. 공주님에게 모든 이야기를 전하지 않을 이유가 없겠군요."

람피토가 앉아서 자신의 무릎을 톡톡 치며 그 위에 앉으라는 신호를 보냈어. 그러고는 나를 꼭 안아 주었지.

"제 말 잘 들어요, 공주님. 신들은 세상에서 벌어지는 일을 내다볼 때 그리고 인간들에게 일어나는 사건을 보며 모두 즐겁기를 바라지요. 누가 지루한 것을 좋아하겠어요? 음, 이제 이야기를 들려줄게요, 공주님."

"세상에서 가장 힘이 센 신들이 형제라는 것을 알지요? 포세이돈은 바다의 신이에요. 그의 삼지창에는 어마무시한 힘이 있지요. 삼지창을 휘둘러 휘몰아치는 바다를 잠재울 수 있고, 땅을 흔들어 버릴 수도 있어요. 그 다음으로는 하데스가 있어요. 오싹하고 유령 같은 신으로, 죽은 자들의 왕국을 지배하지요. 왕비 마마께서 지금 잠들어 계신 곳이기도 해요. 땅속 아주 깊고 어두운 곳에 있지요. 하지만 삼 형제 중에 가장 나이가 어리면서도 위대한 신은 제우스예요. 하늘의 지배자로서, 자신의 왕국에서 땅 이곳저곳을 내려다보지요. 모든 것이 다 제우스의 지배 아래 있어요. 그 옆에는 가장 무시무시한 무기인 벼락이 자리를 지키고 있어요. 그리고 제우스는 모든 신들 중에서도 특히 지루한 것을 못 참는답니다."

"오늘날 제우스는 올림포스를 좀처럼 떠나지 않아요. 구름 저 높이에 있는 거대한 금빛 왕

좌에 앉아 있지요. 그래서 인간은 제우스의 모습을 볼 수 없어요. 하지만 항상 그렇지만은 않아요. 아주 오래전에 몇십 년 정도만, 제우스는 하늘에서 내려오고 또 내려왔어요. 자신의 왕궁이 있던 올림포스에서 아내 헤라와 함께 지내는 것이 따분했기 때문이라지요."

"헤라가 그런 남편을 보고 기분이 좋았겠어요? 그렇지 않지요. 헤라는 제우스 옆에서 황금 왕좌에 앉아 땅과 하늘을 다스려요. 그리고 자신만의 방식에 익숙해져 있었으니, 헤라는 당연히 화가 날 수밖에요. 제우스가 그런 아내에게 신경을 썼냐고요? 아뇨. 웅덩이 옆에서 돌멩이를 집는 어린 소년처럼, 제우스는 인간이 하는 일에 어마어마한 파장을 일으키고 싶었어요. 그는 지금 이 순간이 영웅으로서 세상 사람들에게 내려갈 때라고 확신했지요. 그는 인간들의 아버지가 되고, 이 세상의 여성들도 공주와 여왕이 될 수 있었어요. 불멸의 신이 인간과 결합하게 되었으니까요. 이렇게 되면 결국 시간이 흐르며 물결이 퍼져 나가겠지요. 모든 것이 완전히 뒤바뀐 채 끝나게 될 터였어요!"

"제우스를 멈추게 할 이는 아무도 없었어요, 공주님. 자신의 계획에 반대하는 그 어떤 시도도 소용없었지요. 예를 하나 들어 볼게요. 다나에라는 공주가 있었어요. 다나에는 아르고스를 지배하는 왕의 딸이었지요."

이렇게 말하며 람피토는 전날 밤 그랬던 것처럼 막대기에 손을 뻗었어. 그러고는 또다시 지도를 그렸지. 포크처럼 세 갈래로 나뉜 섬 같아서.

"여기가 펠로폰네소스 반도예요."

람피토는 가운데 갈래를 가리켰어.

"이곳이 우리가 지금 있는 스파르타고요. 그리고 여기가…."

이번에는 펠로폰네소스 반도 맨 위에 있는 잘록한 땅을 가리켰지. 그리스 본토로 이어지는 곳이었어.

"코린트 지협이에요. 아르고스는 그 바로 아래, 여기에 있고요."

람피토가 다시 막대기로 가리켰어.

"자, 아르고스는 우리가 가장 싫어하는 적이에요. 그리스 전체에서 제일 구역질나는 사람들이라고요. 이곳 사람들은 항상 어리석고 의미 없는 짓만 해요. 다나에의 아버지도 아르고스 사람들이 해 봄 직한 행동만 골라 했지요. 딸을 청동으로 만든 탑에 가두어 버렸답니다."

"청동 탑?"

람피토가 고개를 세차게 끄덕였어.

"왜?"

"말했잖아요! 아르고스의 왕이니까요. 그러니 어리석고 의미 없는 행동을 할 수밖에요. 딸이 그 누구와도 결혼하도록 놔두고 싶지 않았나 봐요. 저도 모르겠어요, 공주님. 그건 중요하지 않아요. 중요한 점은, 저 높다란 왕좌에 앉아 있던 제우스가 다나에의 처지를 알아차렸다는 거예요. 그는 웃음을 터뜨렸지요. 그러고는 황금빛 비로 변신하여 올림포스에서 내려왔어요. 비는 남쪽을 향해 세차게 내렸지요. 그 아래에 잘록한 땅이 보였고, 그 다음에는 코린트가, 다음에는 아르고스가 눈에 들어왔어요. 그곳에 청동 탑이 우뚝 서 있었지요. 창문 틈으로 제우스가 내려왔어요. 놀란 눈으로 쳐다보고 있던 다나에는 방이 황금빛으로 가득 찼다는 사실을 알게 되었어요. 아홉 달 후, 다나에는 사내아이를 낳았어요. 다나에는 아들의 이름을 페르세우스라 지었답니다."

"음, 물론 다나에의 아버지는 엄청나게 화를 냈어요. 그는 엄마가 된 다나에와 아기를 나무 상자에 가두고는 바다에 던져 버렸답니다."

"다나에가 불쌍해!"

내가 소리쳤어.

"아버지가 그런 짓을 하다니."

"그래요, 공주님. 끔찍하지요. 공주님의 아버지라면 절대 그러지 않을 거예요. 공주님에게 그럴 리가 없지요."

람피토가 나를 끌어안으며 호들갑을 떨었어. 그러다가 이야기를 계속했지.

"다나에와 아들은 바다 위에서 둥둥 떠돌았어요. 그러다 마침내 세리포스 섬의 바닷가까지 떠밀려 왔지요. 페르세우스는 강인하고 용감하게 자랐어요. 그 용기를 알릴 수 있는 방법은 많았답니다. 세상은 아직 젊었고, 인간이 정착한 땅 저 너머에는 모래가 펼쳐진 사막이든 소금물 가득한 바다든, 사악한 힘이 있는 괴물들이 살고 있었어요. 배짱 있고 꾀가 많은 인간을 좋아하던 아테나는 페르세우스를 가장 마음에 들어 했고, 그가 바람을 타고 땅끝까지 여행할 수 있도록 날개 달린 신발을 주었답니다. 리비아에서 페르세우스는 고르곤의 목을 잘

랐어요. 고르곤은 뱀의 머리를 한 아름다운 여자였지요. 고르곤과 눈이 마주치는 사람은 누구나 돌로 변해 버렸답니다."

"고르곤?"

"그래요, 고르고 공주님."

람피토가 웃으며 고개를 끄덕였어.

"강조하건대 고르곤은 정말이지 매우 아름다웠답니다. 진짜로 예뻤다니까요. 머리에는 뱀이 달려 있기는 했지만요."

람피토는 내 단발머리를 쓸어내리고는 이야기를 계속했어.

"에티오피아에서 페르세우스는 바다뱀에게 잡혀 있던 안드로메다 공주를 구했어요. 고르곤의 머리를 가방에 넣고 가져왔다가 뱀에게 보여 주고 물리친 거예요. 페르세우스와 안드로메다는 결혼했고, 두 사람은 세리포스로 돌아왔어요. 페르세우스는 고르곤의 머리를 아테나에게 바쳤지요. 여신은 머리를 받아서 자신의 방패에 놓았어요. 그러더니 페르세우스에게 배를 타라고 이르고, 그가 바로 아르고스의 왕위를 물려받을 후손이라고 선언했지요. 그렇게 해서 페르세우스가 아르고스를 지배하게 된 거예요."

"하지만 문제는 여기서 끝이 아니었어요, 공주님. 아이고 세상에, 그렇지 않았다니까요. 제우스가 청동 탑으로 내려온 사건의 충격은 그 후로도 계속 파문을 일으켰어요. 페르세우스는 위대한 영웅이었지만, 그보다 더 위대한 영웅은 아직 나타나지 않았지요. 그에게 증손자가 있었는데, 헤라클레스라 불렀어요. '헤라의 영광'이라는 뜻이었지요. 적절한 이름이었을까요? 아니었지요. 헤라는 그 아기를 싫어했어요. 헤라클레스의 아버지는, 공주님도 짐작하셨듯이, 제우스였기 때문이지요."

"헤라는 질투가 나서 길길이 날뛰었어요. 헤라클레스가 태어나자마자, 쉿 소리를 내며 꿈틀대는 뱀 두 마리를 헤라클레스의 침대에 보내 죽이려고 했답니다. 아가는 통통한 손가락을 뱀에게 뻗더니 두 마리의 목을 휘감아 졸랐지요. 그리고 행복한 얼굴로 까르르 웃으며 뱀들을 땅에 떨어뜨렸어요."

"하지만 헤라는 단념하지 않고 헤라클레스를 또 해치려 했어요. 제우스는 자기 아들이 펠로폰네소스 반도의 왕좌를 이어받길 바랐지만, 헤라는 남편의 속셈을 알고 헤라클레스의 상속권을 뺏어 버렸어요. 헤라클레스는 아르고스와 그 주위에 있는 부유한 도시를 지배하지 못하고, 사촌인 에우리스테우스의 노예가 되고 말았어요. 에우리스테우스는 헤라클레스에게 열두 가지 불가능한 일을 맡겼어요. 제우스의 아들 말고는 할 수 없는 일이었지요."

"헤라클레스는 역사상 가장 힘이 센 인물이었어요. 그러니 오히려

다행이었지요. 헤라클레스에게 맡긴 열두 가지 일은 그를 죽이려는 것이었어요. 헤라클레스는 괴물을 죽이고, 지구 끝으로 가서 케르베로스를 잡아야 했어요. 케르베로스는 죽은 자의 왕국 입구를 지키는 개인데 머리가 셋이나 달렸답니다. 헤라클레스는 아테나를 등에 업고 맡은 일을 끝낼 수 있었어요. 그럼에도 헤라는 헤라클레스를 없앨 방법을 계속 찾았답니다. 결국 헤라클레스는 왕국을 되찾지 못했고, 그의 네 아들은 추방되어 자랐지요."

"마침내, 속임수에 넘어가 끔찍한 독이 묻은 가운을 입은 헤라클레스는 자신의 살이 녹아 뼈에서 뚝뚝 떨어지고 있다는 것을 알게 되었어요. 그는 고통에 몸부림치며 테르모필레에 솟아오른 산으로 비틀비틀 올라갔어요. 꼭대기에 다다르자, 헤라클레스는 장작더미를 높이 쌓아올리고 불을 놓았지요. 그러고는 불꽃 속으로 뛰어들었어요. 하지만 정말 죽었을까요?"

람피토가 눈을 커다랗게 뜨고 고개를 흔들었어.

"아니랍니다. 공주님. 헤라클레스는 죽지 않았어요. 불꽃은 마차 모양으로 바뀌었어요. 마차에 오른 헤라클레스는 연기에 휩쓸리며 올림포스로 향했답니다. 그곳에서 그는 신의 왕비들에게 환영을 받았어요. 왕비들은 헤라클레스에게 입맞춤을 하고, 껴안아 주었으며, 아들로 입양했지요. 그는 마침내 이름 그대로 '헤라의 영광'이 되었어요."

"그런데 헤라클레스의 아들 넷은 어떻게 되었어? 에우리스테우스에게서 쫓겨났다던?"

"그들은 불타는 마차를 타고 신과 함께 하는 축제에 가지 못했어요. 그렇지 못했지요, 공주님. 헤라클레스의 아들들은 올림포스 산자락에 있는 땅, 테살리아로 피난했어요. 마녀와 말들로 유명한 곳이었지요. 이곳에서 아들들은 에우리스테우스가 헤라클레스에게서 훔친 왕국을 마음속에 품고, 복수할 계획을 짰지요. 헤라클레스의 자손들을 일컫는 헤라클리드는 누구보다도 용감하고 강했어요. 몇 번이고 거듭하여 아르고스의 통치권을 되찾으려 했지요. 하지만 실패했어요."

"그러다가 헤라클레스 이후 세 세대가 지나고, 후손들이 마침내 권력을 잡는 데 성공했어요. 이제 그들은 강력한 공격력을 떨치며 그리스의 그 어떤 군대보다도 막강한 힘을 자랑한답니다. 코린트와 아르고스, 스파르타 등 펠로폰네소스 반도의 도시들은 헤라클레스 후손이 지휘하는 군대의 힘에 못 이겨 잇따라 무너졌어요. 헤라클레스는 오래전에 죽었지만 그의 후손은 여전히 세상을 누비고 다녔지요. 오늘날에도 그렇고요. 고르고 공주님도 헤라클리드예요. 그러니 공주님의 아이들도, 또 그들의 아이들도 영원히 헤라클리드이지요. 제우스의 피가 핏줄 속에 흐르는 거예요."

나는 어리둥절한 얼굴로 잠자코 앉아 있었어. 스스로를 꼬집어도 보았지. 그러다가 뾰족한 돌을 집어 손가락 끝을 베었어. 베인 부분을 짜 보았더니, 새빨간 피 한 방울이 맺히더라. 나는 신의 왕, 제우스의 피를 바라보았지. 그 피를 핥아 맛을 보고 소름이 돋았어.

람피토는 내 모습을 물끄러미 바라보고는 미소를 지었어.

"페르시아인들에 대해 물어보셨지요, 공주님. 음, 페르시아인들은 잘 모른다고 말했어요. 그들은 아시아 한복판에 사니까요. 그 사람들이 뭘 하든 저와 무슨 상관이겠어요? 하지만 이 점은 알아요. 온 세상에 명성을 떨칠 운명이었던 페르세우스의 자손은 헤라클레스만 있던 게 아니었어요. 페르세우스와 안드로메다의 맏아들이었던 페르세스는 뜻하지 않은 초대장을 받았지요. 에티오피아에서 온 초대장이었어요. 명령을 전하는 전령은 안드로메다의 아버지가 세상을 떠났다고 알렸어요. 그래서 에티오피아는 왕의 자리가 비어 있으니 '우리에게 돌아오셔서 할아버지의 왕좌에 앉으소서'라고 했지요."

"페르세스는 그 말을 받아들이고, 아르고스에서 배를 타고 에티오피아로 떠났어요. 하지만 무시무시한 폭풍우가 몰아치고 말았지요. 배는 항로에서 벗어나 바위와 부딪혔어요. 그러자 배에 타고 있던 모든 이들이 집채만 한 파도 속으로 떨어지고 말았답니다. 페르세스는 바다 더 깊은 곳으로 가라앉았어요. 숨이 막혀 가슴이 터져 나갈 것 같았지요. 이제 곧 물에 빠져 죽겠다는 생각이 들었어요. 갑자기 가느다란 팔이 자신을 붙잡는 느낌이 들었어요. 그는 그 주변을 미친 듯이 돌아보았지요. 그러자 바다의 정령이 눈에 들어왔어요. 정령은 페르세스에게 입을 맞추더니, 물의 흐름을 타고 그를 밀어 올렸어요. 페르세스는 자신이 숨을 쉴 수 있다는 사실을 알고 깜짝 놀랐지요. 그는 정령이 이끄는 대로 헤엄쳤어요. 그렇게 쉬지 않고 헤엄쳤지요."

"그 이후에 어떤 일이 일어났는지, 우리 그리스인들은 확실히 알 수 없어요. 아시다시피 페르세스는 그리스에 돌아오지 않았으니까요. 그러니 우리 이야기꾼들과 시인들 중 그 누구도, 그의 업적에 대해 알려 줄 수 없었어요. 우리가 확실히 알 수 있는 한 가지는 그가 에티오피아의 왕의 자리에 오르는 대신 흑해의 가장 동쪽에 있는 바닷가까지 가게 되었다는 거예요. 바다의 정령은 페르세스를 산으로 데리고 갔지요. 그곳에서 바다의 정령을 왕비로 삼고 자신만의 왕국을 세웠어요. 그게 다랍니다."

"그게 다라니, 무슨 말이야?"

"그게 이야기의 끝이라고요."

"말도 안 돼! 페르시아의 왕은 그럼 뭐야? 페르세스의 자손이라고?"

"그래요, 당연하죠."

"엥?"

"엥이라뇨? 제가 아는 걸 다 말했잖아요! 페르시아인들이 우리에게 뭐라도 되나요? 이상한 말이나 지껄일 뿐이죠. 그래서 그들을 야만인이라 부르는 거예요. 그리스어도 할 줄 모르는 사람들을 우리가 왜 걱정해야 해요?"

"엄마는 걱정하셨단 말이야. 그리고 내게 지금 페르시아인들의 핏줄에도 제우스의 피가 흐르고 있다고 말했잖아! 그들이 뭘 할 수 있을지 누가 알겠어? 어쨌든 저들도 신의 자손이야!"

"하지만 페르시아인들은 아시아 저 깊숙한 곳에 살아요, 공주님. 그들이 뭘 하든 무슨 상관이에요? 저들 생각은 그냥 떨쳐 버리세요. 머릿속에 담아 둘 가치가 없다고요."

"하지만 걱정되는걸! 엄마는 그들이 오고 있다고 하셨어. '페르시아인들이 오고 있다'고. 돌아가시기 전 마지막으로 남긴 말이야."

"휴, 저도 모르겠네요. 정말로 모르겠어요."

람피토는 나를 무릎 위에서 내려놓고는, 벌떡 일어서서 치마를 쓸어내렸어. 그러고는 내 이마에 입을 맞추었지.

"마쳐야 할 일이 있어요. 이제 이 정도면 충분히 이야기한 것 같네요."

그렇게 말하고는 돌아서서 나를 남기고 가 버렸지 뭐야. 나는 궁금증이 다 가시지 않아 얼굴을 찌푸렸어. 페르시아인들에 대해 묻고 싶은 점이 아직도 많았지. 하지만 그 질문에 대답해 줄 이는 아무도 없었어.

5장

치즈 게임

나는 람피토에게 곰에 대해 물었어. 페르시아인들에 대해서도 물었고. 하지만 아직 하지 않은 질문이 하나 남았어. 늑대는 어쩌다가 타이게투스 산으로 나를 데리러 온 것일까? 늑대가 없었다면 엄마가 세상을 떠나는 모습을 볼 수 없었을 테고, 엄마가 남긴 마지막 말도 영영 듣지 못했을 거야. 그 짐승의 몸집을 꼭 붙잡았던 순간, 엄청난 힘과 야생성에 소름이 돋았지. 하지만 그와 다른 느낌도 들었어. 왠지 모르게 친근했다는 거야. 그 느낌이 무엇이었을지 곰곰이 생각해 보았지만, 뭐라고 결론을 내릴 수 없었지. 정답에 가까워질수록 나를 쓱 스쳐 가는 기분이었어. 도움을 청할 수 있는 사람이 딱 하나 있었지. 원래는 타이게투스 산에서 본 것을 나만의 비밀로 간직하려 했어. 유모인 람피토에게도 이야기하지 않으려 했지만 이제는 털어놓기로 마음먹었어.

그런데 며칠 동안 람피토를 볼 수 없었어. 나는 학교에 가야 했거든. 스파르타에서는 모든 아이들이 학교에 다녀. 나중에 내가 다 자라서 세상을 좀 더 넓게 바라보았을 때, 이 점이 우리 도시가 다른 곳에 비해 독특한 이유 중에 하나라는 것을 알게 되었지. 다른 그 어떤 곳에서도 남자아이들과 여자아이들이 똑같이 교육을 받지 않거든.

스파르타에서는 여느 곳과 다른 어린 시절을 보내. 스파르타 아이들은 태어나자마자 국가의 소유가 된단다. 갓 태어난 아이들은 모두 민선 장관ephor이라 부르는 다섯 명의 관리들에게 보내져 검사를 받아. 기준에 떨어지는 아기들은 골짜기로 던져 버려. 덕분에 사람들의 수준은 계속해서 높아지고 강해진단다. 소년들은 군대 막사로 보내진 뒤 그곳에서 전사로 탈바꿈하지. 겨울에는 맨발로 지내. 먹을거리를 스스로 찾을 수 있도록 배급도 조금만 해. 하지만 누군가 남의 것을 훔치다가 잡히기라도 하면 심하게 얻어맞지. 심지어 어떤 아이는 여우를 잡아서 웃옷 안에 숨겼는데, 이 일을 선생님께 알릴 수 없어 여우가 자기 배를 물어뜯도록 내버려 두었대. 명예를 중요시하는 스파르타인들은 불명예로 고통받느니 죽는 게 낫다고 생각해.

여자아이들은 남자아이들과는 달리 군대에 가지 않아. 하지만 우리는 글을 읽는 법과, 레슬링, 달리기, 노래하기 그리고 겁쟁이를 비웃는 법을 배우지. 발바닥으로 엉덩이를 치면서 춤을 춰. 그리스에서 이렇게 할 수 있는 여자아이들은 스파르타 말고는 없단다. 나도 언제나 춤추기를 좋아했어. 타이게투스 산을 오르며 냈던 찰싹찰싹 소리가 메아리처럼 울려 퍼졌지. 그보다 더 큰 소리를 냈던 이는 없었어.

우리 스파르타인들은 항상 다른 이들과 서로 경쟁하는 법을 배워. 상대방이 다시는 일어서지 못하게 완전히 꺾어 버리지. 모든 것이 대회야. 선생님들은 한시도 눈을 떼지 않고 우리를 지켜보면서 점수를 매기셔. 나도 헤라클레스 후손인 왕의 딸로서, 항상 최고가 되어야 했지. 춤추고, 달리고, 레슬링하고, 읽고 쓰느라 언제나 바빴어. 그러다 보니 엄마를 거의 잊을 뻔한 적도 있었어. 죽어 가던 엄마에게 데려다 주었던 늑대에 대한 의문도 거의 사라졌지.

어느 날 오후, 선생님이 치즈 게임을 하는 날이라고 하셨어. 우리는 모두 신이 나서 서로를 바라보았어. 치즈 게임이란 걸 한 번도 본 적이 없었거든. 나이가 좀 더 많은 여자아이들은 항상 이 게임 이야기를 했어. 그 장면을 한 번 본 사람이라면 결코 잊지 못한다면서 말이야. 하지만 그 게임과 관련된 사람은 비밀을 지켜야 했어. 언니들을 아무리 졸라도 우리에게 말해 주려 하지 않았지. 이제 드디어 우리가 볼 차례가 된 거야!

우리는 선생님 손에 이끌려 스파르타를 가로지르는 아름다운 에우로타스 강을 따라갔어. 도시 너머에 있는 에우로타스의 강둑은 아르테미스가 즐겨 찾는 곳 중에 하나이지. 강에서 피어오르는 습지 안개 사이로, 사냥하고 있는 아르테미스와 그 뒤를 따르는 요정의 모습이 어렴풋이 보인다고 전해져. 그래서 아주 오래전부터 에우로타스 강 옆에 여신에게 바치는 거대 신전을 지은 거란다. 신전은 오늘날에도 굳건히 서 있어. 계단 위에서는 개구리가 개굴개굴 울지. 좀 으스스한 곳이기는 해. 스파르타에서 가장 좋은 신전이기도 하며 보물도 많고 건물 전체가 돌로 지어졌단다.

선생님은 우리를 입구로 데리고 가셨어. 신전에는 한 번도 들어간 적이 없어서, 눈을 동그랗게 뜨고 안을 보았지. 진흙으로 만든 가면이 벽 여기저기에 걸려 있었어. 어떤 가면은 잘생겼지만 또 어떤 가면은 못생겼더군. 근엄해 보이는 젊은 전사를 본떠 만든 것도 있었고, 어떤 것은 고통에 울부짖는 불쌍한 모습이었어. 맨 끝에 아르테미스 조각상이 서 있었지. 날개가 한 쌍 달린 아주 오래된 조각상이었어. 그 옆에는 돌로 만든 탁자가 놓여 있었지. 그 위에 치즈가 쌓여 있었어. 채찍으로 무장한 남자 어른들이 탁자 주위에 서 있었고. 채찍을 어떻게 쓰는지, 치즈가 게임과 무슨 상관인지 궁금했어.

궁금증이 풀리는 데에는 오랜 시간이 걸리지 않았지. 여자아이들이 신전 벽에 기대고 서자, 젊은 남자들 한 무리가 서로를 밀치며 재빨리 달려왔어. 남자아이들이 많이 입는 튜닉을 입고 있었지만 교육을 이제 막 마친 게 분명했지. 남자들은 오랫동안 훈련을 받아 날렵하고, 강인하며, 몸매가 탄탄했어. 남자들은 테이블로 달려가며 팔꿈치로 다른 이들의 가는 길목을 막았지. 갑자기 쉬익 하는 소리가 나더니 무언가 쩍 쪼개지는 소리도 들렸어. 아래를 보니

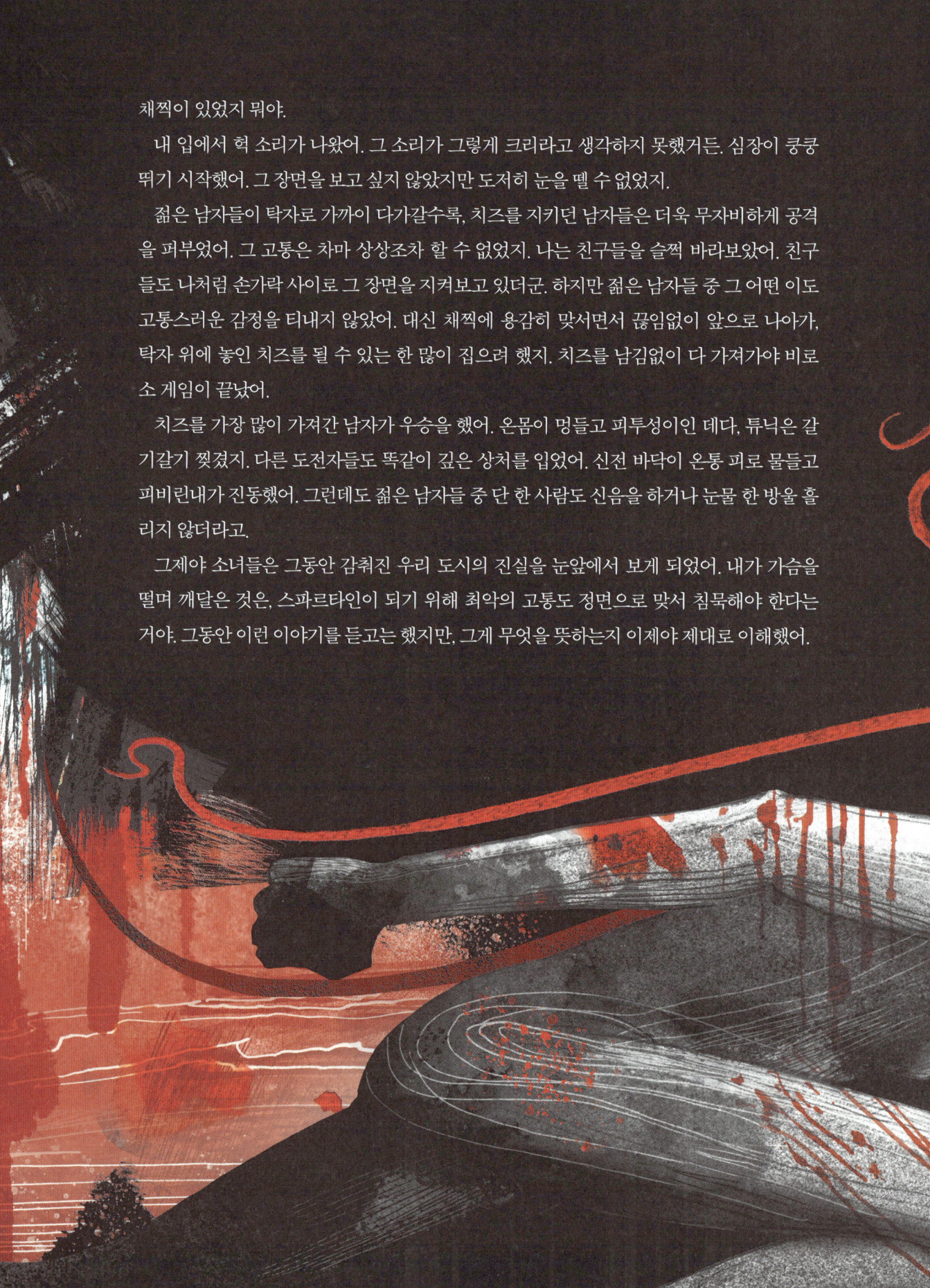

채찍이 있었지 뭐야.

내 입에서 헉 소리가 나왔어. 그 소리가 그렇게 크리라고 생각하지 못했거든. 심장이 쿵쿵 뛰기 시작했어. 그 장면을 보고 싶지 않았지만 도저히 눈을 뗄 수 없었지.

젊은 남자들이 탁자로 가까이 다가갈수록, 치즈를 지키던 남자들은 더욱 무자비하게 공격을 퍼부었어. 그 고통은 차마 상상조차 할 수 없었지. 나는 친구들을 슬쩍 바라보았어. 친구들도 나처럼 손가락 사이로 그 장면을 지켜보고 있더군. 하지만 젊은 남자들 중 그 어떤 이도 고통스러운 감정을 티내지 않았어. 대신 채찍에 용감히 맞서면서 끊임없이 앞으로 나아가, 탁자 위에 놓인 치즈를 될 수 있는 한 많이 집으려 했지. 치즈를 남김없이 다 가져가야 비로소 게임이 끝났어.

치즈를 가장 많이 가져간 남자가 우승을 했어. 온몸이 멍들고 피투성이인 데다, 튜닉은 갈기갈기 찢겼지. 다른 도전자들도 똑같이 깊은 상처를 입었어. 신전 바닥이 온통 피로 물들고 피비린내가 진동했어. 그런데도 젊은 남자들 중 단 한 사람도 신음을 하거나 눈물 한 방울 흘리지 않더라고.

그제야 소녀들은 그동안 감춰진 우리 도시의 진실을 눈앞에서 보게 되었어. 내가 가슴을 떨며 깨달은 것은, 스파르타인이 되기 위해 최악의 고통도 정면으로 맞서 침묵해야 한다는 거야. 그동안 이런 이야기를 듣고는 했지만, 그게 무엇을 뜻하는지 이제야 제대로 이해했어.

남자들 중 하나가 채찍을 들고 고함을 치자, 참가자들이 그 말을 따르며 한 줄로 서서 신전을 떠났어. 우리는 그 모습을 지켜보았지. 시종들이 물이 담긴 양동이를 들고 들어와 바닥을 닦기 시작했지. 우리도 자리를 떠나라는 명령을 받았어. 선생님을 따라 밖으로 나오며 침을 꿀꺽 삼켰지. 옆을 돌아보니 내 친구들도 똑같이 했어. 나는 고개를 돌려 신전을 힐끗 보았어. 아르테미스의 조각상이 있었지. 아르테미스의 입술이 전과는 달라 보였어. 미묘하게 웃고 있지 뭐야.

누군가 내 어깨를 두드리는 느낌이 들었어. 고개를 돌려 보았지. 그 순간 내 눈이 휘둥그레졌어. 다섯 명의 민선 장관 중 하나였어.

"고르고 양."

그가 격식을 갖추어 인사하자 나는 깜짝 놀랐어. 스파르타에는 어른들이 아이들을 존중하며 대접하는 관습이 없거든. 민선 장관은 말할 것도 없지. 나는 혼란스러워하며 그를 바라보았어. 그리고 선생님들께 도와달라는 눈빛을 보냈지. 그중 한 선생님이 무뚝뚝하게 고개를 끄덕이더군.

나는 다시 장관에게 고개를 돌렸어.

"네, 장관님?"

"저를 따라 오십시오."

"왜요, 장관님?"

나는 침을 꿀꺽 삼켰어. 초조한 티를 내고 싶지 않았어.

"제가 무슨 잘못이라도 했나요?"

장관이 미소를 지었어.

"잘못이라고요? 아니요, 아무 잘못도 하지 않으셨습니다, 고르고 양. 폐하께서는 멀리 계시고, 왕비 마마께서도 세상을 떠나셨어요. 그런데 나랏일로 논의해야 할 사항이 많습니다. 이 자리에서 고르고 양이 그 일을 해야 해요."

장관은 참모들과 함께 손짓을 했고, 나는 더 이상 망설일 필요가 없다는 것을 깨달았지. 그래서 뒤도 돌아보지 않고 친구들 곁을 떠났어. 에우로타스 강둑을 따라 성큼성큼 걸어가는 장관을 서둘러 따라가서는, 이전에 한 번도 가 본 적이 없는 건물로 들어갔어. 스파르타 대회의실이었어.

6장

"아테네인들을 해방하라"

　장관은 나를 안쪽으로 데리고 갔어. 다른 네 명의 장관들이 한 줄로 앉아 있었지. 나를 데리고 온 이는 그 옆에 있는 자기 자리에 앉았어. 장관 다섯 명 맞은편에는 등받이가 없는 의자가 두 개 있었어. 나를 대회의실로 데려온 관리가 손가락으로 의자를 가리키며 앉으라고 했어. 나는 시키는 대로 했지. 다른 의자에는 이미 누가 앉아 있었어. 누구인지 단번에 알아차렸지. 그의 이름은 데마라토스였어. 아버지가 그랬던 것처럼, 그도 왕으로서 스파르타를 다스렸단다.

　다른 이들에게는 좀 이상해 보일 거야. 나라를 다스리는 왕은 보통 한 시대에 한 명이기 마련이니까. 하지만 스파르타는 여느 나라들과는 달랐어. 우리 도시에서는 한 영웅의 시대가 저문다 해도 그 영광은 지속된단다. 불구덩이 속으로 아스라이 사라진 헤라클레스도 세상에서는 사라졌을지 몰라. 하지만 여전히 우리 도시를 지배하고 있잖니. 왕좌에 앉는 헤라클레스 후손의 왕은 하나가 아니고 둘이야. 왕이 둘 다 전쟁터로 나가는 일은 드물어. 보통 한 명만 군대를 이끌지. 다른 왕은 스파르타에 남아 도시를 다스린단다. 하지만 최근 일어난 전쟁에서는 두 왕이 모두 싸우러 나갔어. 내가 아는 한, 전쟁터에서 돌아온 군인은 아무도 없어. 아버지도 당연히 돌아오지 않았지. 그런데 데마라토스는 왜 여기에 있는 거지?

　"고르고 양."

　최고위 민선 장관이 입을 열었어.

　"걱정할 필요없어요. 고르고 양의 성적은 매우 뛰어나니까. 선생들이 고르고 양을 칭찬하더군요. 동급생 중에 가장 우수하다면서요. 그래서 우리는 폐하께서 멀리 계시는 동안 고르고 양이 왕을 대신하는 데 적합하다고 판단했지요. 관습법에 따르면, 한 왕이 다른 왕에게 책임을 물을 때 그 어떤 자리도 비어 있어서는 안 됩니다. 왕비 마마께서는 세상을 떠났으므로, 고르고 양이 클레오메네스 왕가의 하나뿐인 자식이에요. 그러니 당연히 여기에 앉으셔야지요."

　나는 장관의 말에 너무도 놀라 할 말을 잊고 말았어. 다행히 침묵은 스파르타인들에게 존중받는 행동이므로, 내가 아무 대답도 하지 않았다고 해서 뭐라 하는 사람은 없었지.

　"데마라토스는…."

최고위 장관이 말을 이었어.

"전쟁터에서 바로 돌아왔습니다. 고르고 양 아버지에게 심각한 혐의를 제기했기 때문이에요. 하지만 어떤 혐의인지 듣기 전에, 고르고 양도 그 배경을 알 필요가 있지요. 말해 봐요, 고르고 양. 우리 군대가 왜 전쟁에 나갔는지 알고 있나요?"

나는 고개를 저었지.

"그래요."

최고위 장관이 말했어.

"모르는 게 당연하지. 기본적으로, 내가 지금 말하는 것은 고르고 양 혼자만 알고 있어야 해요. 친구들은 물론이고 아무에게도 얘기해서는 안 됩니다. 알아들었지요?"

내가 고개를 끄덕였어.

"이야기해 보세요. 아테네인들에 대해 얼마나 알고 있는지?"

"아테네 소녀들이 곰으로 변한다는 것을 알고 있어요."

이렇게 말하는 순간, 어른들이 웃음을 터뜨리지 않을까 걱정되었어. 아버지를 부끄럽게 하고 싶지 않았거든. 하지만 민선 장관들은 여전히 무표정이었지. 그래서 나는 말을 이어 갔어.

"아크로폴리스에 뱀이 살고 있다는 사실도 알아요. 소녀들이 벌꿀로 만든 케이크를 먹이로 준다는 것도요. 뱀이 그곳에 있는 동안, 구멍에서 나와서 케이크를 먹는 한 아크로폴리스는 영영 무너지지 않는대요."

"음."

데마라토스가 코웃음을 치며 말했어.

"사실은 사실이지."

데마라토스가 끼어들자 최고위 장관이 그 말을 무시했어.

"확실히 고르고 양은 아테네가 대단하고 유명한 도시라는 사실을 충분히 알고 있군요. 하지만 수백 년 동안 아테네는 약해졌지요. 사람들은 싸우는 법을 잊어버렸고, 부자들은 가난한 자들을 짓밟아요. 결국 전쟁터에서 쓸모없어지고 말았지요. 아티카 만에 있는 살라미스 섬을 점령하느라 싸운 세월만 수십 년이에요. 아테네에 비해 보잘것없이 작은 도시와 싸우는 데 말입니다. 아테네인들은 우리와 달리 훌륭하게 성장하기 위해 스스로를 훈련하고 조절하는 법을 배우지 않았어요. 그래서 우리도 지금까지 수백 년 동안 그들을 내버려두는 데 만족했습니다."

"계속 그렇게 했어야 했는데…"

데마라토스가 말했어.

"신의 뜻이 달랐다면 그랬겠죠. 누구보다도 더 잘 알지 않습니까, 데마라토스 경. 우리 스파르타는 아폴론이 특히 좋아하는 민족이란 것을 말이오. 우리는 그의 바람을 거스를 수 없소."

최고위 장관이 잠시 말을 멈추었어. 데마라토스가 금세라도 반박할 모양새였거든. 그러더니 내게 다시 고개를 돌렸지.

"우리의 법을 준 신이 바로 아폴론이랍니다, 고르고 양. 우리는 그의 지시에 복종하며 삶을 꾸려 나가요. 그래서 무녀가 우리에게 왕을 두 명 두도록 허락한 겁니다. 그래야 아폴론이 자신만의 개인적인 사신을 둘 수 있지요. 우리 왕 중 하나가 아폴론에게 묻고 싶은 질문이 있을 때, 그의 사신이 델포이 신전으로 향합니다. 그곳에서 왕은 궁금한 점을 신께 물을 수 있어요."

"그런데 4년 전, 이상한 일이 일어났지요. 델포이 신전에 찾아간 스파르타인들이 기이한 일을 보고했어요. 그들이 무슨 일로 찾아갔든, 질문이 무엇이든, 무녀는 계속 같은 대답만 했지요. '아테네인들을 해방하라.' 이 소식은 고르고 양의 아버지에게까지 전해졌고, 그는 자신을 시험해 보기로 했어요. 우선 사신을 델포이로 보냈지요. 사신은 아폴론에게 질문을 하나 던졌다오. 당연히 질문을 내놓을 때마다 같은 대답이 돌아왔어요. '아테네인들을 해방하라.' 그런 다음 사신이 스파르타로 돌아와 왕에게 보고하자, 고르고 양의 아버지가 직접 델포이로 찾아갔다오. 그는 무녀와 정면으로 맞섰지요. 무슨 일이 일어나고 있는지 강력히 물었어요. 하지만 또다시 대답은 같았소. '아테네인들을 해방하라.'"

내가 망설이며 물었어.

"아테네인들을 왜 해방해야 하나요?"

"매우 좋은 질문입니다, 고르고 양. 오랫동안, 사실은 수십 년 동안, 아테네인들은 어느 한 아테네 가문의 노예와 다름없이 살았어요. 그중 가장 최근의 지배자는 히피아스라는 자였지요. 아테네인들은 '독재자'라고 불렀지만 우리에게는 좋은 친구였소. 아테네인들을 자기 마음대로 부려먹으며, 우리도 아테네인들을 부려먹도록 내버려두었지요. 우리는 그와 맞설 필요가 없었어요. 오히려 그 반대였지. 우리는 아테네인들을 자유롭게 풀어 줄 이유가 절대로 없었어요."

"그럼에도 고르고 양의 아버지는 아테네인들을 해방시켜 주었지."

데마라토스가 처음으로 내 이름을 입에 올리며 말했어.

"신탁을 받은 대로 한 게지."

"하지만 아버지는 당연한 일을 한 거예요!"

나는 어른들과 상대하기에는 아직 어린 소녀였지만, 분한 마음에 나도 모르게 말이 튀어나왔어.

"스파르타 왕은 아폴론을 화나게 해서는 안 되니까요!"

데마라토스가 얼굴을 찌푸렸어. 그가 내 처지를 생각하며 입을 다물라고 할 줄 알았지만, 대신 내게 질문을 던졌어.

"아폴론이 신탁을 내리지 않았다면?"

나는 당황해서 그를 쳐다보았어.

"무슨 말씀인지 모르겠어요."

"누군가, 그러니까 히피아스의 아테네인 적이, 무녀에게 뇌물을 주었다면?"

"뇌물이요?"

나는 데마라토스가 입에 그런 말을 올린 것을 보고 깜짝 놀랐어. 그렇게 충격적인 말을 들은 적이 없었거든.

"하지만 누군가 그런 짓을 한다면, 신이 그의 목숨을 빼앗아서 온 세상에 본보기로 삼을 거예요. 입에 담기에도 끔찍한 일이니까요!"

물론 이렇게 말한 순간 내 얼굴이 새빨갛게 물들었어. 나는 손으로 입을 움켜쥐었지. 침묵이 흘렀어. 그러더니 민선 장관들이 웃음을 터뜨렸어.

"과연 그 아버지에 그 딸이군. 클레오메네스 경도 고르고 양과 거의 똑같이 말했거든요."

데마라토스가 고개를 끄덕였어.

"정말로 그랬지."

그러면서 껄껄 웃었지만, 실제로는 그다지 달가운 웃음이 아니었어.

"아버지를 변호한 그대를 비난하지는 않겠네, 고르고 양. 그렇지만 자네가 여기에 아버지 대신 있는 만큼, 그의 어리석은 판단을 제대로 이해하는 것이 중요해. 내가 왜 군대를 뒤로 하고 이곳에 돌아왔는지 설명할 테니 잘 들어. 내가 왜 장관들께 판단을 요구하는지도. 그래, 자네처럼 클레오메네스도 누군가 무녀에게 뇌물을 건넸으리라는 생각이 아폴론에게 분노를 일으킬 수 있다고 보았어. 그래서 자네에게 이미 이야기했던 것처럼, 그가 아테네를 상대로 군대를 이끌어야 한다고 주장한 거야."

"물론 클레오메네스는 히피아스를 손쉽게 물리쳤지. 전쟁터에서 만신창이가 된 독재자는 아크로폴리스로 후퇴했고, 그곳에서 포위되었지. 히피아스는 죽을힘을 다해 가족의 안전을 지켜 내려 했어. 어둠을 틈타 자기 아이들을 아크로폴리스 옆으로 보냈다네. 하지만 바위가 너무 가팔랐고, 내려오다가 발에 채인 자갈이 스파르타 경비대가 있는 곳까지 굴러 떨어지고 말았지. 아이들은 감옥으로 보내졌어. 절망한 독재자 히피아스는 아이들의 목숨을 위험에 빠뜨리지 않는 대신 조건을 걸었지. 자네 아버지는 그를 나라 밖으로 추방하라고 명령했어. 너무나 갑작스럽고 예상치 못하게 수모를 당한 히피아스는 깜짝 놀랐지. 그리고 한때 자신의 동맹이라 생각했던 남자에게 별 수 없이 복종하고 말았어. 히피아스의 독재는 그렇게 막을 내렸다네."

"자네 아버지는 이제 아테네의 뒤처리에 나섰어. 아테네인들이 스파르타의 지배를 당연히 받아들여야 한다고 여겼지. 그가 히피아스를 추방한 사람이었으니까. 그가 아니면 아테네의 운명을 좌우할 사람이 또 누가 있겠나? 그래서 마음대로 아테네의 운명을 결정했지. 그 도시는 결코 우리의 바람에 반대하지 않기로 했어. 우리에게 협조하는 아테네인들은 권력을 휘둘렀고, 그렇지 않은 이들은 권력을 누리지 못했지. 불만을 너무 많이 일으키는 이는 강제로 쫓겨났다네. 자네 아버지는 모든 것에 완전히 만족하고 나서야 군대를 철수했지. 그렇게 그는 다시 스파르타로 돌아왔어."

"그의 정복은 완벽해 보였어. 이 시대의 영웅이 되었지. 하지만 곧 상황이 잘못된 방향으로 흘렀어."

데마라토스는 비장한 미소를 지었어.

"아주 잘못되었지. 아테네의 동지들이 통제력을 잃고 말았다는 소식이 전해지더군. 도시에서 새로운 지도자가 나타났다면서. 내가 자네 아버지에게 이런 일이 일어나리라고 경고했는데 딱 맞아떨어진 거야. 그래서 자신의 실수를 받아들이라고 했지만 그는 잘못을 인정하려 하지 않았어. 대신 스파르타 용사 300명을 소집하여 아테네로 떠났다네. 그는 자신보다 앞서 전령을 보냈어. 전령이 전한 메시지는 직설적이었지. '스파르타의 적이여, 조심하라. 클레오메네스 왕이 오고 있다.'"

"아테네의 우두머리는 자네 아버지가 보낸 전갈에 적개심을 품었어. 클레오메네스가 아테네에 도착한 순간, 아테네군은 모두 도망쳤지. 그가 도시로 행진하는데 가로막는 이는 아무도 없었어. 음침한 표정을 한 사람들이 옹송그리고 모여, 침묵 속에 스파르타 용사들이 아크로폴리스로 향하는 모습을 지켜보았지. 그는 아테네인들이 당연히 복종하리라 여기며 판결과 소집, 명령을 내렸어. 당연하지 않은가? 무엇보다도 그는 스파르타의 왕이었으니까."

"하지만 그가 아크로폴리스에 앉아 아테네에 대한 계획을 잡으려던 순간, 생각지도 못한 일이 일어났다네. 아크로폴리스 아래 거리에서 웬 구호가 울려 퍼지지 뭔가. 아래를 내려다보니, 거대한 군중이 아크로폴리스 입구에 모여 있었어. 그가 바라보자 시위자들은 구호를 더욱 크게 외치기 시작했고 야유를 쏟아냈지. 자네 아버지는 용사를 소집했어. 하지만 스파르타 용사들이 비탈길로 내려와 군중을 해산시키려 하자, 사람들은 돌을 집어던지고 용사들을 몰아내려 했지. 갑자기 연기가 도시 전체를 에워쌌어. 아테네 전역이 불타는 것 같았지. 검고 자욱한 연기가 서로 엉키고 뒤틀리며 솟아올랐어. 연기는 하늘 높이 부풀어 올랐지. 그 모습을 지켜 본 자네 아버지의 눈에는 연기가 합쳐져 거대한 거인으로 변하는 것 같았어. 아테네를 뒤덮은 거인은 우뚝 서서 아티카까지 뒤덮었지."

"자네 아버지는 이 현상이 무엇인지 즉각 알아차렸다네. 아테네인들이 여기저기에서 수군대는 소리를 충분히 들었으니까. 그는 검게 뒤덮인 하늘에서 아티카에 살았던 모든 이들의 모습과, 앞으로 그곳에 살 운명인 사람들의 모습을 보았다네. 아테네인들은 이 거인을 데모스라 불렀지. '(가장 두려운 존재이기도 한) 민중'이라는 뜻이야."

"자, 자네 아버지는 용감한 사람이야. 그건 인정하지. 그럼에도 아테네에 우뚝 솟은 데모스의 압도적인 모습을 보고 자네 아버지는 두려움에 사로잡혔어. 내게 직접 그렇게 말했지. 같은 날, 그는 아래에 있던 군중들과 협상에 들어갔어. 합의를 마친 자네 아버지와 용사들은 국경으로 향하는 안전한 길을 제공받았다네. 그들이 그 길을 따라 스파르타로 돌아왔을 때, 자신들이 본 것을 알려주었어. 모두 그가 옳은 결정을 내렸다는 데 동의했지. 아티카는 이상하고도 낯선 곳이야. 그러니 그곳에 떠돌아다니는 영혼에게서 공격당하는 기분이 드는 게 당연해. 처음부터 우리 스파르타인 대부분은 아테네에서 일어난 일에 대단히 흥미를 보인 적이 단 한 번도 없어. 그러니 그 일을 까맣게 잊어버렸지."

"하지만 자네 아버지는 아니었어. 그는 그 일을 곱씹고 못마땅하게 여겼어. 오만했던 그는 자신이 우리 나머지보다 더 잘 안다고 생각했지. 자신이 잘못했다는 사실을 받아들이려 하지 않았다고. 그래서 아테네를 상대로 전쟁을 일으킬 음모를 꾸몄지. 나는 그를 막으려 했지만 무시했고, 내 입을 다물게 했어. 내가 반대하자 비웃었지. 그러고는 군대를 소집하고, 자신을 도우라며 당신들을(이때 민선 장관들을 가리켰어) 설득했지. 내가 그와 함께 가야 한다면서 말이야. 그리고 어떻게 되었을까? 실패했지. 완전히, 비참하게 실패했어."

데마라토스는 벌떡 일어서며 깊은 숨을 내쉬었어. 분노로 몸을 부들부들 떨었지. 그러고는 다시 민선 장관을 향해 손가락을 내질렀어.

"이제는 더 이상 참을 수 없소. 어떤 조치를 내려야 한단 말이오. 요구하건대, 클레오메네스를…."

"신의 뜻에 따른 것에 감사하구나!"

모두 말소리 나는 쪽으로 고개를 돌렸어. 대회의실 입구에 우뚝 서 있는 한 남자의 윤곽이 보였지. 술통처럼 광활한 가슴에 어깨가 넓은 이였어. 나는 그를 즉시 알아보았지.

"아버지!"

나는 신이 나서 벌떡 일어섰어. 아버지가 돌아온 거야.

7장

클레오메네스

아버지는 혼자가 아니었어. 아버지 뒤에 남자 두 명이 서 있었지. 레오니다스 삼촌과 클레옴브로토스 삼촌이었어. 두 사람 모두 젊은 나이에도 전쟁의 흔적이 여기저기에서 보였지. 하지만 멋진 풍채가 아버지와 비교해도 떨어지지 않았어. 내가 스파르타의 왕 클레오메네스의 딸이라서 이렇게 이야기하는 게 아니야. 그게 사실인걸. 대회의실에 있는 사람들이라면 누구나 그렇게 느낄 수 있었어. 데마라토스는 자신의 경쟁자 앞에서 움찔하며 금방이라도 뒷걸음칠 태세였어. 아버지는 그를 무시했지. 민선 장관들도 무시했고. 오히려 당황스럽고 혼란스럽게도, 아버지가 내 앞에서 무릎을 꿇지 뭐야. 그러더니 조심스럽게 내 손에 입맞춤을 했어.

"마땅히 왕위에 오르신 고르고 양이시여."

아버지는 잠시 말을 멈추고 고개를 숙여 인사했지. 그러더니 건물 전체가 날아갈 만큼 크게 웃음을 터뜨리고는 일어섰어.

"그래서…."

아버지는 여전히 나를 보며 말을 이어 갔어.

"내가 돌아왔다. 데마라토스가 자기 입장에서 한 이야기를 들었으니, 이제 내 이야기를 들어야 공평하겠군."

"이런, 내 이야기는 아직 끝나지 않았어."

데마라토스가 싸울 태세로 발끈 화를 냈어. 하지만 아버지는 들은 척도 하지 않았어.
"음?"
그러고는 장관들을 밀어붙였어.
최고위 장관은 고개를 짧게 끄덕이며 동료들과 동의한다는 뜻을 보냈어.
"내가 이룬 모든 것은…."
아버지는 청중을 둘러보며 말을 시작했지.
"나는 스파르타에 내 평생을 바쳤으며, 신에게 복종의 의무를 다했다. 의심할 필요도 없이 데마라토스는, 무녀가 나더러 아테네인들을 해방하라는 신탁을 내렸을 때, 그녀가 뇌물을 받았다는 터무니없는 논리를 펼쳤다. 하, 이렇게 얘기해 주지. 데마라토스가 한 가지는 옳았어. 아테네인들을 해방하라고 지시한 건 무녀가 아니야. 하지만 뇌물은 없었지. 진실은 온통 이상한 것투성이네. 아테네에 도착해서야 깨달았지. 도시 어느 곳을 가도, 어느 것을 보아도, 아테나 여신의 조각상이 보여. 도시의 수호신 석상이. 석상들은 하나같이 아름다운 색을 입혔는데, 이 점에서 나는 아테네인들이 채색에 능숙하다는 점을 인정하네. 그리고 석상의 눈 색깔이 무엇이었는지 아는가? 하나부터 열까지? 어?"
나는 람피토가 며칠 전 내게 했던 말이 떠올랐어.
"회색이요!"
내가 외쳤어.
"아테나 여신의 눈은 회색이에요!"
아버지가 고개를 끄덕였어.
"그래, 맞다."
아버지는 대견하다는 눈빛으로 나를 바라보았어.
"그리고 내가 무녀를 만났을 때 무엇을 목격했는지 아는가? 아테네인들을 자유의 몸으로 풀어 주라고 했을 때?"
"눈이… 회색이었나요?"
"바로 그랬단다."
아버지가 말했어.
"깊고 불안해 보이는 회색 눈이었지. 내가 보았던 사람들의 눈과는 퍽 달랐어."
"왜냐하면 무녀는 사람이 아니니까요?"
아버지가 고개를 끄덕였어.
"무녀는 내게 아테네를 해방시키라고 명령한 아테나 여신이었다네. 그래서 나는 여신의 말에 복종했지."

아버지는 데마라토스와 민선 장관들 쪽으로 고개를 돌렸어.

"그것 말고 내가 무엇을 했겠나?"

"자네 말이 사실인 것 같군."

데마라토스는 내키지 않는 말투로 대답했어.

"흠, 그렇다면, 오히려 상황은 더 나빠지는걸. 자네는 아테네인들을 풀어 주라는 여신의 명령을 받들었어. 그러고 나서 그들을 다시 노예로 만들 방법을 찾지 않았나."

"노예로 만들려는 게 아니야. 힘을 약하게 하려던 것뿐이지. 무엇보다도 나는 스파르타의 왕이지 않은가. 내 임무는 우리 도시를 위해 최선을 다하는 것이지, 아테네를 위한 것이 아니야. 내가 왜 경쟁자가 나오는 모습을 그냥 보고만 있어야 하는가? 자네도 내가 아크로폴리스에 서서 무엇을 보았는지 다 알잖아. 연기 속에서 피어오른 거인, 데모스 말일세. 그게 뜻하는 바가 뭘까? 이제 그 데모스가 아테네를 지배해. 그 데모스가 크라토스kratos, 다시 말해 권력을 쥐고 있단 말이야."

"그리고 이것이야말로 위험하지. 거만한 상류층도, 장래의 독재자도, 그 어떤 부역자도 이제는 사람들 앞을 가로막을 수 없다네. 모든 시민이 단결하여 하나가 되었어. 부자든 가난한 사람이든, 귀족이든 농민이든, 배 주인이든 구두 수선공이든, 배경은 아무런 문제가 되지 않는다네. 누구나 의회에 모여 말을 할 권리가 있어. 누구나 정책을 토론할 권리가 있다고. 누구나 투표할 권리가 있다는 말이야."

"그렇다면 나는 당연히 걱정되지. 한때 노예와 겁쟁이, 주관 없이 흔들리던 도시였던 아테네는 이제 자유민의 도시가 되었네. 그러면 우리 스파르타를 위험에 빠뜨릴 수 있지. 속 시원하게 인정하네만, 애초에 내가 아테네인들을 자유민으로 풀어 준 사람이기에 당연히 그들을 상대로 전쟁을 계획했던 걸세. 왕으로서 이건 내 의무였으니까. 한마디 덧붙이자면 데마라토스, 자네는 자신의 의무를 한심할 정도로 다하지 못했어."

두 왕은 서로를 노려보았어. 마치 들개가 서로를 바라보는 듯했지. 두 사람의 표정이 어찌나 사나워 보이던지 머리카락이 빳빳이 서는 모습도 그다지 놀랍지 않더라.

결국 시선을 먼저 떨군 사람은 데마라토스였어. 그는 민선 장관들에게 고개를 돌리며 코웃음 쳤지.

"하지만 우리가 여기에 있으니, 아직도 아테네를 함락하지 못한 셈이지. 우리는 그리스가 보는 앞에서 수모를 당했소. 계속해라, 클레오메네스. 네 실수를 고백해. 무슨 일이 일어났는지 말하라고."

긴 침묵이 흐르고 마침내 아버지가 입을 열었지.

"고백하건데, 엘레우시스를 주둔지로 삼은 것은 실수, 아니 잘못이었어."

이때 내 귀가 쫑긋했어. 엘레우시스에 무슨 일이 일어났는지 알고 있었거든. 람피토가 전날 밤에 이야기를 들려주었는데, 사실 신이 아니면 일어날 수 없는 우연이었어.

람피토 덕분에 알게 된 사실은, 엘레우시스가 신성한 빛으로 반짝이던 성지였다는 거야. 아테네에서 약 25킬로미터 정도 떨어진 곳에 있었는데, 무시무시하고 신비한 사건이 일어난 곳이기도 하대. 아주 오래전 제우스의 누이였던 데메테르가 온 곳이라나. 데메테르는 그곳에 상복을 입고 앉아 있었대. 수확의 여신인 데메테르는 잘 익은 옥수수처럼 금발이었어. 세상이 꽃피우고 열매를 맺는 것은 데메테르의 힘 덕분이었지.

하지만 재앙이 닥쳤어. 데메테르의 딸 페르세포네가 납치된 거야. 검은 말이 이끄는 마차를 타고 있던 하데스는 풀밭에서 꽃을 꺾고 있던 페르세포네를 놀래더니 지하 세계로 휙 데리고 가 버렸어. 그곳에서 그는 페르세포네를 자기 옆, 그늘 가운데 희미한 빛이 들어오는 왕좌에 앉히고 죽은 자들의 왕비로 삼았어.

슬픔과 고통에 빠진 데메테르는 페르세포네를 풀어달라고 간절히 부탁했지. 제우스는 하데스를 공격하기 두려워 부탁을 거절했어. 죽은 자의 제왕은 왕비로 삼은 페르세포네를 계속 옆에 두었지. 결국 데메테르는 정신이 나가 버려서 엘레우시스에 있는 안식처로 돌아와 세상이 망하기만을 기다렸지. 옥수수는 자라지 않았고, 꽃도 피지 않았어. 이 세상 모두가 마치 다락에서 굴러떨어진 사과처럼 쪼글쪼글해지고 말라 비틀어져 갔지. 사람들은 여기 저기에서 굶주렸어. 희생양으로 바칠 만한 것도 남지 않았단다. 신께 바칠 제물도 없었고.

자기가 진 것을 알아차린 제우스는 적당한 때에 페르세포네를 데리고 왔어. 죽은 자의 왕국에서 드디어 돌아온 거야. 하지만 완전히 돌아온 것은 아니었지. 하데스는 너무나 교활한

신이야. 페르세포네가 지하 세계에 도착하고 얼마 지나지 않아, 하데스는 그녀를 정원으로 이끌고 갔지. 그곳에서 페르세포네에게 석류를 먹으라고 주었어. 시들어 버린 과일 맛이 어떤지 누구보다도 잘 알았던 페르세포네는 먹지 않겠다며 거절했어. 하지만 슬픔에 넋이 나간 나머지, 석류를 한 입 먹고 씨앗 여섯 개를 삼켜 버렸어. 치명적인 실수였지. 이제 자신이 저지른 일을 다시 주워 담을 수 없었어. 제우스조차 어찌할 수 없는 일이었지.

그래서 일 년 중 여섯 달 동안 페르세포네는 죽은 자의 땅에서 하데스와 살 수밖에 없었어. 그동안 모든 세상은 겨울로 변했지. 그러다가 일 년 중 또 여섯 달은 어머니와 함께 살도록 허락받았어. 그때 온 세상이 꽃을 피웠단다.

이것이 엘레우시스의 여자들이 지키는 신비로운 의식이야. 여자들은 일 년 내내 엘레우시스의 안식처를 돌보지만 일 년에 한 번, 여름에서 가을로 접어들 무렵 그리고 페르세포네가 어머니를 떠나 지하 세계의 전당으로 갈 때 특별한 기도를 올리지. 행렬이 아테네를 떠나 엘레우시스로 향해. 이들이 걷는 길을 두고 신성한 길 Sacred Way이라 불러. 수많은 군중이 다 함께 하얀 옷을 입고 은매화로 엮은 화환을 쓴 채 그 길을 따라 걷지. 행렬이 지날 때마다 일으키는 흙먼지 구름은 바다 건너 저 멀리에서도 보일 정도란다. 데메테르 신전의 여 사제가 가르쳐 주는 교훈은 아테네인들이 가슴 속에 깊이 간직하고 있는 것 중에 하나야. 빛은 어둠에서 오고, 삶은 죽음에서 온다는 것이지.

"아, 아빠."

내가 속삭였어.

"어쩌다 그런 신성한 곳에 군대를 머물게 하셨어요?"

"제대로 생각할 겨를이 없었다."

아버지가 얼굴을 찡그렸어.

"아테네인들을 무릎 꿇리는 데에만 정신이 팔려 있었거든."

그러더니 아버지는 민선 장관들을 힐끗 보고 데마라토스에게 고개를 돌렸어.

"솔직하게 고백하지. 그건 정말로 실수였어."

나는 아버지가 사과하는 모습을 본 적이 한 번도 없었어. 그래서 지금이라도 저렇게 할 수밖에 없는 모습에 두려움이 밀려왔어. 한편, 데마라토스는 마치 피비린내를 맡은 포식자처럼 금방이라도 죽일 작정으로 잽싸게 움직였어.

"무슨 일이 있었는지 말해."

데마라토스가 부추겼어.

아버지는 이맛살을 찌푸리더니 어깨를 으쓱했지.

"그날 밤, 우리가 자고 있는데, 꿈속에 시체처럼 창백한 처녀가 찾아왔어. 위대한 여왕의 예복을 입고 얼음으로 뒤덮인 불 왕관을 쓰고 있더군. 그 처녀가 내게 손짓하는 모습이 보였어. 다른 스파르타 용사들도 마찬가지로 보았지. 그때 자기 팔로 나를 데리고 가는 게 느껴졌어. 처녀가 내 입술에 자신의 입술을 가져다 대는 순간 나는 얼굴을 쳐다보았지. 그러더니 한순간에 처녀의 모습이 어그러지고 벌레 먹은 모습으로 변하며 시체가 되고 말았어. 내가 잠에서 깼을 때, 다른 용사들도 동시에 깼지. 우리는 모두 하나가 되어 아테네까지 들릴 정도로 크게 비명을 질렀어."

"물론 꿈속의 주인공은 페르세포네였다네. 수확의 여신의 딸 말일세. 죽은 자들의 여왕이기도 하지. 우리는 그 이후로 엘레우시스에 군대를 주둔시키지 않았어. 아테네인들은 신성한 길을 따라 엘레우시스 안식처에 올 무렵, 우리가 이미 오래전에 자리를 비운 곳에 무엇이 있을지 긴장하며 다가왔지."

"이제 알겠지?"

데마라토스가 장관들에게 여보란 듯 떠들었어.

"자기 입으로 스스로 유죄 판결을 내리지 않나!"

"내가 한 것은…."

아버지가 반복해서 말했어.

"내가 한 것은 스파르타를 위한 것이었소."

최고위 장관이 고개를 끄덕였어.

"그 누구도 그 점을 의심하지 않소, 클레오메네스 경."

그러고는 다른 네 명의 장관들과 함께 천천히 일어섰지.

"하지만 당신의 운명을 결정짓는 것은 우리가 아니라오."

두 왕 모두 혼란스러운 표정이었어.

최고위 장관이 지팡이를 들더니 나를 가리켰어.

"고르고 양. 그대는 여기 대회의실에 처음 찾아왔지. 그대를 지켜보니, 그동안 오갔던 말도 집중해서 잘 들었다는 것을 알겠어요. 그러니 말해 보시오. 어떻게 생각하는지? 우리가 어떻게 해야 할까?"

나는 이 말을 듣고 깜짝 놀라 어떻게 대답해야 할지 몰랐어. 모두의 시선이 나를 향해 있었지. 그러자 내 얼굴이 빨갛게 달아올랐어. 뭐라도 말해야 할 것 같았지.

"제 생각에는…."

내가 천천히 운을 뗐어.

"제 아버지는 스파르타를 사랑해서 한 일 같아요. 그리고 신을 존중하기 때문이기도 하지요."

데마라토스는 내 말에 쓴웃음을 짓고 반박하려 했지. 하지만 최고위 장관은 지팡이를 바닥에 땅땅 두드리며 막아섰어.

"조용히 하시오, 데마라토스 경!"

그리고 내게 고개를 돌렸지.

"어떻게 생각하는가, 고르고 양? 우리 정책상 아테네를 어찌하면 좋겠소?"

나는 고개를 이리저리 돌리며 어른들을 바라보았어. 그 누구도 도와줄 것 같지 않았지. 아직 어린이인 내가 어른들 앞에서 뭐라고 말할 수 있겠어? 그러다 엄마가 내게 남긴 마지막 말이 떠올랐어. 그 말을 그대로 따라했지.

"페르시아인들이 오고 있어요."

아버지가 또 대회의실이 떠나가라 큰소리로 웃었지. 하지만 얼굴에는 슬픔이 묻어났어.

"페르시아인들이 오고 있다고."

아버지는 혀로 음식 한 조각을 굴리는 것처럼 천천히 같은 말을 뱉어 냈어.

"그래, 네 엄마가 항상 하던 말이었지."

"솔직히 저는 페르시아인이 누구인지 몰라요. 하지만 엄마에게 중요하다는 것은 알아요. 제게 마지막으로 남긴 말이었으니까요. 그들이 오고 있다고 경고하셨어요."

아버지가 천천히 고개를 끄덕였어. 그러고는 데마라토스와 민선 장관들에게 고개를 돌렸지.

"아테네인들과 협상하는 데 동의하는 바이오. 그들이 민주주의를 즐기도록 내버려두라지. 그들과 조약을 맺게 해 주시오. 아마도 페르시아인들이 정말로 올지 몰라. 그렇다면 음, 스파르타와 아테네는 힘을 합칠 필요가 있소."

아버지는 이렇게 말을 마치고 입을 다물었어. 손을 뻗어 그 커다란 팔로 나를 꼭 안아 주셨지. 나는 아버지 등에 올라 단단히 매달렸어.

아버지와 나는 대회의실을 나섰고 집으로 향했어.

8장

늑대의 왕

　회의를 하고 며칠 후, 람피토는 나와 이야기하려 하지 않았어. 내게 말할 수 없는 비밀이 있다는 사실을 알게 되었거든. 내가 그 일을 람피토와 의논할 수 없다는 것도 알고 있었지. 그 때문에 람피토는 깊은 상처를 받았어. 무엇보다도 람피토는 내가 기어다닐 때부터 나를 키워 주었지. 전에는 람피토에게 아무것도 숨긴 적이 없었고 언제나 솔직하게 털어놓았어. 하지만 이제 상황이 달라졌어. 민선 관리들에게 침묵을 지키겠다고 맹세했기에 그렇게 했어. 물론 람피토를 속상하게 하고 싶지는 않았지만 마찬가지로, 스파르타인으로서 내 의무도 잘 알고 있었으니까.

　람피토도 마음 깊이 그 사실을 알고 있었어. 결국 나를 찾아 나섰지. 람피토가 내 이름을 부르는 소리가 들리자 나는 너무나 행복해서 와락 껴안았어. 람피토도 나를 꼭 안고 입맞춤을 해 주었지. 그러더니 내게 망토를 가져오라고 일렀어. 나는 망토를 둘둘 말아 팔에 끼우고는 람피토가 이끄는 대로 따랐어. 우리는 함께 에우로타스 강 어귀를 터벅터벅 걸어서 아르테미스 신전까지 갔어. 불과 며칠 전 남자아이들이 치즈를 두고 겨루며 침묵으로 채찍을 견디던 그곳이었지.

신전 너머에는 숲이 뻗어 있었어. 람피토는 숲을 헤치고 나를 데리고 갔지. 거대하고 구불구불한 가지가 달린 낡고 비틀어진 나무에 도착하자, 람피토가 멈춰 섰어. 곧이어 나무를 타고 올랐고 나도 따라 올랐지. 그동안 나무 오르는 연습을 했다는 걸 알 수 있었어. 이제 넓은 가지에 걸터앉아 먼 곳을 빤히 바라보았지. 람피토와 똑같이 하다 보니, 숲 너머 신전이 보일 정도로 시야가 탁 트였다는 걸 알겠더라고. 그 너머에는 강물이 굽이굽이 흐르고 있었고, 또 그 너머로 타이게투스 산이 보였어.

우리는 하루 종일 나무 위에서 보냈어. 대회의실에서 들은 대로 비밀을 지켜야 한다고 생각했지만, 결국 람피토에게 타이게투스 산에서 늑대를 만난 일을 털어놓았어. 그런데 내 이야기를 듣고도 그다지 놀라워하지 않더라고. 사실은 내가 이런 이야기를 하리라고 예상한 얼굴이었어.

해는 뉘엿뉘엿 저물어 가고, 별들이 머리 위로 반짝이기 시작했지. 눈꺼풀이 나도 모르게 점점 감겼어. 한 번인가 두 번쯤, 화들짝 놀라서 잠에서 깨기도 했어. 나는 망토를 두르고 람피토의 품에 안겨 있었지. 깨어 있으려고 했지만 그럴 때마다 잠에 빠지고 말았어.

그러다가 누군가 내 어깨를 두드리는 느낌이 들었어. 나는 깜짝 놀라서 눈을 떴지. 람피토가 손으로 내 입을 가렸어.

"쉿!"

람피토가 손으로 어딘가를 가리켰어.
"저기요, 공주님. 보세요!"
아른아른 빛나는 은색 빛깔, 처음에는 달리 아무것도 보이지 않았어. 그런데 좀 더 유심히 바라보니, 화살과 활로 무장한 여자 사냥꾼이 엄청나게 빠른 속도로 달려가는 모습이 보였지. 그 뒤로 강둑을 따라 다른 여자 사냥꾼들이 주인의 휘황찬란한 불빛을 받고 반짝이며 따라오고 있었어. 늑대가 잇따라 울부짖는 소리도 들렸어. 덜컥 두려움이 일면서도 신이 났지. 나는 람피토를 바라보았어.
"아르테미스?"
람피토는 고개를 끄덕이더니 손가락을 자기 입술에 가져다 댔어. 우리는 그렇게 반짝이는 은빛 물결이 사라질 때까지 오랫동안 가만히 지켜보았지. 이제는 신전 주변에 저 멀리 개구리 울음소리 말고는 아무것도 들리지 않았어.

"이제 갑시다."

람피토가 작은 목소리로 속삭였어.

우리는 함께 나무 아래로 내려왔어. 나는 숲속 사이를 살금살금 움직이는 람피토 뒤를 따랐어. 탁 트인 밤하늘 아래로 걸어 나오니, 우리 앞의 별들 뒤로 신전의 윤곽이 보였어. 그래서 그 앞으로 슬며시 다가갔지.

"람피토!"

그 순간 내가 새된 소리를 내며 앞을 가리켰어.

"늑대야! 또 다른 늑대도!"

늑대들은 신전 계단 위에 누워 있었어. 하지만 람피토는 내 경고를 무시했지. 걱정하는 모습을 보여 주지 않기로 마음먹은 나는 람피토가 이끄는 대로 따라갔어. 우리는 늑대들을 지나쳐 신전의 열린 문으로 향했어. 슬쩍 안을 들여다보니, 아르테미스의 석상 주위로 더 많은 늑대들이 누워 있더군.

"한 무리로군요."

람피토가 작은 목소리로 말했어.

"여신과 함께 뛰는 녀석들이에요. 여기 스파르타에서, 여신께 기도를 올리지요. 무서워할 필요 없어요. 늑대들은 우리를 해치지 않으니까. 늑대들은 우리 스파르타인들도 늑대와 가까운 관계라는 것을 알아요."

람피토는 입을 다물고 내 팔짱을 낀 채 신전에서 나를 데리고 나왔어. 늑대들은 과연 람피토가 말한 대로 평화로운 자세로 잠자코 있었지. 늑대 무리로부터 안전할 정도로 멀리 와서 앉을 만한 통나무를 발견하고 나서야, 람피토는 우리가 본 것을 알려주었어.

람피토가 말하길 아르테미스는 언제나 늑대를 사랑했대. 자신의 쌍둥이 아폴론도 마찬가지였지. 그들의 어머니는 두 신을 임신했을 때, 스스로 늑대로 변신해 헤라의 질투에서 벗어났어. 늑대 무리가 그녀와 함께 달렸고, 아기를 낳을 때에는 옆에 서서 지켜 주었다더군.

"그래서…"

람피토가 말했어.

"우리가 아르테미스와 아폴론에게 제물을 바칠 때, 늑대에게서 태어났다고 일컬으며 맞이하는 거예요. 그러니 아르테미스가 사냥을 떠날 때 왜 늑대들이 함께하는지 공주님도 이해하시겠지요. 아무것도 모르는 바보들로 가득한 도시, 아르고스에서도 왜 그랬는지 이해하실 거고요. 아르고스 사람들은 아폴론을 늑대의 주인이라 부른답니다. 하지만 공주님, 스파르타인들만 모든 진실을 알아요. 오직 우리 스파르타인들만 늑대와 함께 평생을 살아가지요. 우리 전사들 중에서도 가장 용감한 전사들의 핏줄에 그 진실이 당당하게 흐르기 때문이에요."

"전사들에게 이 힘을 이용하는 방법을 처음으로 가르쳐 준 이는 아폴론이에요. 어느 날, 헤라클레스의 자손들이 스파르타에 오고 몇 세대가 지난 후, 아폴론은 델포이에 신탁을 받으러 온 방문객을 맞았어요. 신은 낯선 이의 눈을 빤히 쳐다보고 예상치 못한 무언가를 보았지요. 늑대의 노란 눈빛이었어요. 물론 아폴론에게 비밀이란 것은 거의 없었어요. 그 스파르타인만 바라보아도 그의 이름을 알 수 있었지요. 방문객의 이름은 리쿠르고스였어요. '늑대 일꾼'이라는 뜻이었지요. 아폴론은 얼굴을 찡그렸어요. 이 남자에게 인간과는 퍽 다른 면모가 보였거든요. 분명히 신들이 좋아할 만한 인물이었어요. 혹시 이 방문객도 신이었을지도 모르고요. 아폴론은 확신이 없다는 점을 솔직히 고백하며 무녀의 입을 통해 물었어요."

"당신은 신인가, 인간인가? 그보다 이렇게 말할 수 있겠군.
모든 것을 고려할 때 당신은 신이 틀림없어, 리쿠르고스."

"그 방문객이 왜 델포이까지 먼 길을 왔는지 설명할 필요가 없었어요. 아폴론은 이미 알고 있었으니까요. '늑대 일꾼'이라는 뜻의 리쿠르고스는 헤라클레스의 후손이었어요. 그러니 헤라클레스의 아버지인 제우스의 피가 그의 핏줄 속에 흐르고 있었어요. 리쿠르고스는 신의 그 어떤 후계자들보다도 놀라운 유산을 물려받았어요."

"제우스도 마찬가지로 늑대의 주인이지요. 펠로폰네소스 반도의 북쪽에 있는 황량한 산악 지역 아르카디아에서는 어두운 이야기가 전해 내려와요. 아르카디아인들은 해마다 제우스에게 인간을 제물로 바친다는군요. 인간을 죽여, 그 살을 요리하여 소고기와 함께 바친다고요. 인간의 살을 먹는 사람은 9년 동안 늑대가 되지요."

"그 이야기가 사실이야?"

"아르카디아에 간 적이 없으니 저도 확실히는 모르지요. 하지만 한 가지 아는 점은 리쿠르고스가 자기 이름값을 제대로 한다는 거예요. 그는 인간을 늑대로 만들기 위해 태어난 사람이니까요."

"스파르타는 당시 그리스에서 정부의 능력이 가장 형편없는 도시였어요. 부자는 가난한 자들을 괴롭혔고요, 가난한 자들은 부자를 싫어했지요. 도시 어디를 가나 서로에게 으르렁대며 생채기를 내려 했어요. 오직 기적이 일어나야 이 모든 엉망이 되어 버린 상황을 막을 수 있을 것 같았지요. 아니면 신이라는 기적이 내리거나. 그래서 리쿠르고스가 자기 입으로 말을 꺼내기 전에, 아폴론이 먼저 무녀의 입을 빌려 그에게 말한 거예요. 신은 리쿠르고스에게 법을 만들 수 있도록 훌륭한 체계를 주었어요. 이것은 사람들이 규칙을 따르고 변화하게 했답니다. 덕분에 사람들이 서로 으르렁거리고 상처 입히는 일을 막을 수 있게 되었어요. 우리를 하나의 무리로 행동할 수 있게끔 한 것이지요."

그 말을 듣고 오싹한 느낌이 들었어.

"하지만 우리가 진짜 늑대는 아니잖아. 그렇지, 람피토?"

"메세니아인들은 그렇다는데요."

나는 이 말을 곰곰이 생각해 보았어. 람피토 말이 진짜일까? 이전에는 우리 국민들을 이런 시선으로 본 적이 없었어. 하지만 아마도 그렇게 생각했어야 했는지도 몰라. 메세니아인들로 말할 것 같으면, 우리에게 노동력을 제공해. 우리는 그들을 '헤일로타이heltot'라 불러. 어마어마한 짐을 이고 가는 당나귀처럼 뼈 빠지게 일하는 노예들이지. 노예들은 타이게투스 산 옆으로 멀찍이 떨어져서 사는데, 우리가 사는 곳보다 더 비옥하고 풍요로운 땅이야. 오래전, 우리 군대가 산을 넘어 메세니아 평야로 내려왔어. 메세니아인들은 맞서 싸웠지만 소용없었지. 결국 그들의 패배로 끝이 났어. 우리는 메세니아인들에게 자비를 베풀지 않았어. 그들은 그 이후로 계속 우리를 위해 일하고 있지.

"우리는 약탈자예요, 공주님."

람피토가 단호히 말했어.

이렇게 말하는 람피토를 보고 나는 자랑스러워해야 할지 부끄럽게 여겨야 할지 몰랐어. 람피토는 내 얼굴에 드리운 그늘을 보았는지, 고개를 돌리고 신전을 가리켰어.

"계단에 앉아 있는 늑대들을 봐요. 우리는 녀석들에게 위험한 존재가 아니에요. 리쿠르고스께서 이룬 위대한 업적 덕분이지요. 정말로 그는 늑대 일꾼이었어요. 다른 도시에서 당연히 여기던 것들을 모두 폐지해 버렸지요. 돈, 사생활, 선택권 모두. 리쿠르고스의 목표는 부자와 가난한 자, 노인과 젊은이, 도공과 제빵업자, 농부, 상인 모두 단 하나의 정체성을 지니는 거였어요. 군인이라는 정체성이죠. 그래서 공주님이 만약 남자아이라면, 일곱 살이 될 때 가족 품을 떠나 자신을 산산이 깨뜨리고, 새롭게 창조된답니다. 스파르타 남자가 군대에서 사는 이유이기도 하죠. 스파르타 남자라면 같은 훈련을 반복해야 해요. 스파르타인이라면 모두 전쟁에 나서서 수그러들지 않고 당당히 서야 하지요."

"리쿠르고스가 일을 만족스럽게 마무리하고 델포이로 돌아가 어디엔가 흔적도 없이 사라졌을 무렵, 무시무시한 무언가를 이루어냈어요. 세상에서 가장 강력한 전투력이었죠. 전쟁터에서 우리 군사를 만나면 죽은 목숨이나 다름없어요, 공주님. 스파르타 군대는 먼지 속에서 서서히 모습을 드러내지요. 그렇게 그들은 다가와. 청동 투구 위로 말총 장식이 어른거려요. 둥글고 무거운 방패는 번쩍번쩍 빛나고요. 망토는 핏빛으로 물들었어요. 발을 일정한 속도로 구르는 와중에, 날카로운 음색이 피리로 흘러나오고, 우리 군사들은 전쟁 찬가를 부르지요. 그러고 나서 트럼펫이 울려 퍼져요. 창을 낮추고, 스파르타인들은 뛰기 시작합니다. 멈추지 않고 적을 향해 직진해요. 이게 스파르타인이 사는 이유예요. 싸우고, 죽이고, 이기기 위해 살지요."

나는 신전을 바라보았어. 치즈 게임이 열린 후 피범벅으로 걸어 다니기조차 힘들었던 상황이 떠올랐지.

"그런 남자들을 만나느니 늑대 무리와 맞서겠어."

내가 중얼거렸어.

"현명한 선택이에요, 공주님."

이 말을 듣고 몸이 부르르 떨렸어. 람피토는 평소 하던 것처럼 팔로 나를 안아주는 대신, 아주 엄격한 눈으로 지그시 바라보았어.

"치즈 게임에서 이긴 소년들에게 어떤 보상이 있는지 알고 있나요, 공주님?"

나는 고개를 흔들었지.

"새로운 도전이 주어진답니다. 리쿠르고스가 스파르타인들에게 늑대 무리처럼 사냥하도록 가르쳤을 때, 죽여도 범죄가 되지 않는다고 일렀어요. 우리 도시의 안전은 이러한 철학에 달려 있다면서요. 노예들 사이에서 반란의 불씨는 위협이 되지요. 불씨는 반드시 밟아 없애야 해요. 메세니아인에게 조금이라도 재능이 보이면 불행을 피할 수 없어요. 그래서 해마다 자신이 속한 계급에서 가장 뛰어난 기량을 선보이며 최우수로 졸업한 남자아이들을 비밀경찰로 등록시키는 거랍니다. 그들을 크립테이아Crypteia라 불러요. 잘 들어요, 공주님. 공주님은 왕의 딸이니까, 이 사실을 반드시 알고 있어야 해요."

람피토의 말을 듣고 두려움이 일었어.

"크립테이아가 하는 일이 뭐야, 람피토?"

나는 낮은 목소리로 물었지.

"그들에게 주어진 임무가 뭐냐고?"

"밤에 노예들을 죽이는 거요."

"노예들을 죽인다고?"

람피토가 고개를 끄덕였어.

"이 임무를 마친 소년들만이 스파르타로 돌아오도록 허락받아요. 실패는 생각할 수 없지요. 성공하면 어마어마한 보상이 기다리고 있답니다. 전쟁에 나갈 때 왕 옆에 서서 전쟁터 한복판 자리를 차지할 수 있지요. 스파르타인은 그 특권을 얻기 위해 무엇이라도 할 거예요."

나는 신전에서 보았던 소년들을 떠올렸어. 이들이 세계 최고의 전사가 되도록 자랐다는 것은 알고 있었지만, 지금까지 그게 의미하는 바가 무엇인지 상상조차 못 했지.

"이 일은 해마다 가을에 일어나요, 공주님. 크립테이아의 일원들은 임무를 부여받고는 오후 늦게 나서요. 타이게투스 산 정상 너머로 해가 떨어지면, 크립테이아는 산을 오르지요. 날이 저물고 깜깜해져요. 별이 하늘에서 반짝이고 달도 밝게 빛나지요. 은빛 달그림자를 등에 업은 젊은 전사들은 보폭 자세로 뛰기 시작해요. 그들 중 한 명이 몸에 걸친 튜닉을 떨어뜨리지요. 그러면 회색 털이 자라기 시작하고, 코를 벌름거리며 인간의 따스한 피 냄새를 맡아요. 그 앞에 메세니아가 있어요. 메세니아 평야를 천천히 달리고, 소리가 나지 않게 밭을 살금살금 지나며, 먹잇감 뒤를 조용히 쫓지요."

"노예에게는 일말의 가능성도 없어요. 목 위로 뜨거운 입김이 훅 끼치더니 등에는 발톱으로 할퀸 상처가 나요. 그리고 노예는 흙먼지 속으로 털썩 쓰러져요. 아마도 몸을 비틀어 돌리려 하겠죠. 고개를 들어 자신을 공격한 이가 누군지 보려 할지도 몰라요. 만약 그랬다면 그 장면이 그가 죽기 전 마지막으로 보는 모습이에요. 늑대의 샛노란 눈이요."

나는 그 장면을 오랫동안 곰곰이 생각했어. 그 기괴하고 야만적인 장면에 공포가 일어 압도되고 말았지. 한편으로는 전혀 놀랍지 않았어. 내 마음 뒤편에서 똬리를 틀고 있었던 무언

가가 지금에서야 갑자기 덜컥 내 눈앞에 보이게 되었을 뿐이지.

　나는 람피토를 지그시 바라보았어.

　"그러면 엄마가 돌아가셨던 그날 밤 내게 온 늑대는 뭐, 아니 누구야?"

　람피토가 동쪽 지평선을 가리켰어.

　"보세요. 이제 해가 뜨고 있네요. 밤새 밖에 있었으니 이제 집에 가야 해요."

　"람피토?"

　람피토는 아무 대답도 하지 않았어. 그저 내가 자기처럼 일어서기만을 기다렸지. 그러고는 내 손을 잡았어. 우리는 신전을 뒤로 하고 에우로타스 강둑을 따라 다시 발걸음을 돌렸어. 몇 분 동안 아무 말 없이 걷기만 했지.

　람피토가 마침내 내게 말을 걸었어.

　"공주님의 삼촌 레오니다스와 클레옴브로토스가 사실 이복 삼촌이라는 거 알고 있었어요?"

　나는 모르고 있었어.

　"클레오메네스 폐하께서 공주님에게 말하지 않았다고 놀랄 일은 아니지요. 왕의 아버지이자 공주님의 할아버지인 아나칸드리다스는 아들을 낳으려고 오랫동안 노력했어요. 하지만 모두 헛수고였지요. 남편을 너무나 사랑했던 아나칸드리다스 왕의 아내는 아이를 낳을 수 없었어요. 마침내 민선 장관들의 인내심도 바닥이 나고 말았지요. 공주님 할아버지에게 스파르타의 후계자를 낳을 수 있는 여자와 결혼하라고 말했어요. 장관들의 말을 거스르기 어

려웠던 아나칸드리스 왕은 장관들이 이른 대로 했어요. 하지만 원래 부인도 몰래 계속 아내로 두었답니다."

"일 년이 지났어요. 아나칸드리스 왕의 새 부인은 아들을 낳았답니다. 그 아들이 바로 공주님의 아버지, 클레오메네스예요. 스파르타 모든 이들의 기쁨이 넘쳤지요. 스파르타에 드디어 왕자가 탄생한 거예요. 하지만 그 기쁨도 잠시, 언제나 아나칸드리스 왕의 사랑을 받았던 원래 왕비도 남자아이를 임신하게 되었답니다. 그리고 또, 또 남자아이를요. 아나칸드리스 왕은 자신의 가장 사랑하는 아내 사이에서 아들 셋을 두게 되었어요. 도리에우스, 레오니다스 그리고 클레오브롬토스였어요."

"그러니 고르고 공주님의 아버지에게는 좋지 않은 소식이 되고 말았지요. 공주님의 할아버지는 도리에우스를 왕의 후계자로 삼겠다고 못박았어요. 공주님의 아버지는 뒤로 밀려났고, 자신의 가치를 증명할 기회도 없었어요. 심지어 치즈 게임에서 겨루는 것도 금지되었답니다. 클레오메네스가 없으니 일등은 항상 도리에우스 차지였어요. 당연히 그는 스파르타인들의 우상으로 자리 잡았지요. 아버지는 뒤쳐지게 되었고요. 아무도 공주님의 아버지가 왕좌에 앉기를 바라지 않았어요. 누구나 도리에우스가 왕이 되기를 바랐지요."

"'내가 왕이다!' 공주님의 할아버지가 돌아가시던 날, 도리에우스는 가두 행진을 하던 군중을 향해 이렇게 외쳤어요. 모든 스파르타인들이 행렬에 모였지요. 사람들은 민선 장관들이 할아버지의 후계자를 발표하기만을 기다렸어요. '내가 왕이다!' 도리에우스는 한 번 더 고함쳤어요. 우렁찬 환호성이 울려 퍼졌어요. 남자들은 창으로 마른 땅을 쿵쿵 찧었지요. 도리에우스는 승리감에 젖어 팔을 번쩍 들어 올렸어요. 그런데 그때, 수많은 사람들 틈에서 고르고 공주님의 아버지가 모습을 드러냈어요."

"함께 모인 사람들 사이에서 순간 정적이 흘렀어요. 스파르타인 모두가 숨을 멈춘 것 같았지요. 창을 쥔 도리에우스의 손가락 마디마디가 새하얘졌어요. 군중 속에 있던 사람들 모두가 공주님 아버지를 바라보다가, 그에게 무기가 없다는 것을 알아차렸지요. 도리에우스도 마찬가지였어요. 그는 씩 웃으며 '멍청이'라고 내뱉었어요. 그러고 나서 창을 높이 들어 올려, 조준하고는 던졌지요."

"공주님의 아버지는 몸을 휙 돌리며 땅바닥에 몸을 던졌어요. 사람들 사이에서 헉 소리가 났고요. 사람들 눈앞에서 그가 늑대로 변신하고 있었어요. 스파르타인이라면 누구나, 늑대 일꾼 리쿠르고스가 델포이에서 신에게 받은 신비의 선물을 가져왔다는 사실을 알고 있었지요. 하지만 그 선물은 도시의 뛰어난 사람만이 받을 수 있었어요. 스파르타인 대부분에게는, 신이 가장 위대한 전사에게 힘을 내려준다는 말이 소문에 지나지 않았지요. 비밀경찰 크립테이아 가운데, 우승한 사람 말고는 산에 올라 노예를 사냥했을 때 무슨 일이 일어났는지 몰랐으니까요."

"하지만 이제, 도시 한가운데에서 아폴론이 개입했어요. 누구나 리쿠르고스가 늑대 일꾼이었다는 사실이 무슨 의미인지 알게 되었지요. 공주님의 아버지는 노랗게 불타오르는 눈빛, 강렬하게 드러낸 이빨, 뻣뻣하게 선 털로 무장하고, 행렬이 일으키는 흙먼지 사이로 쭈그려 앉은 거대한 야수의 모습을 하고 있었어요. 그 누가 보아도 공주님의 아버지가 신과 친밀한 대상이라는 것을 의심할 여지가 없었어요. 그가 풀쩍 뛰어 오르자, 도리에우스는 걸음아 나 살려라 하고 도망갈 태세였어요. 하지만 공주님의 아버지 아래에 깔리고 말았지요. 그는 비명을 질렀어요. 맞서 싸울 생각은 하지도 않았답니다. 그저 완전히 패배하여 꼼짝없이 누워 있었어요. 공주님의 아버지는 발톱을 드러냈어요. 머리를 뒤로 젖힌 채 섬뜩한 울음소리를 내었지요. 늑대의 울음소리는 타이게투스 산 정상까지 들렸어요. 그러고 나서 침묵이 흘렀고, 공주님의 아버지가 다시 인간으로 돌아왔어요. 그날 오후 그리고 그 이후로도, 그가 왕좌를 이을 주인공이라는 것을 아무도 부정하지 않았답니다."

나는 휘둥그레진 눈으로 람피토를 바라보았어.

"그리고 도리에우스는?"

"아, 도리에우스는 그날 당한 수모에서 다시는 회복하지 못했지요. 그는 아프리카에서 도시를 세우려 했어요. 그런데 큰 손실만 입고 실패로 끝나자 술에 의지해 살았지요. 결국 패싸움에 휘말려 목숨을 잃고 말았답니다."

이 말을 듣고 생각에 잠기면서도, 딱하게 여기는 척은 할 수 없었어. 삼촌은 정당한 왕에게 도전을 하지 말았어야 하니까. 그는 자신이 한 짓의 대가를 치른 거야. 하지만 아버지의 두 이복동생인 레오니다스와 클레옴브로토스는 형보다 더 영리했던 게 분명해. 두 삼촌은 아버지에게 충성을 바쳤고, 잘 보좌했으니까. 다른 스파르타인들도 그랬어. 이제야 아버지가 왜 한시도 가만히 있지 못하고 항상 배고파하는지, 왜 공중에 대고 코를 킁킁거리는지 알았어. 아테네를 공격하려고 왜 그리 열심히 준비했는지도 말이야. 스파르타인들은 자신들의 왕인 우리 아버지와 함께 언제나 여기저기 돌아다니는 늑대 무리가 될 거야.

"그래도 아버지는 나를 찾아왔어."

내가 중얼거렸지.

"전쟁 때문에 나가 있었는데도, 나를 잊지 않으셨어."

람피토가 내 손을 꼭 잡았어. 또다시 아무런 대답을 하지 않았지. 이미 필요한 말은 다 했으니까.

9장

테미스토클레스

 나는 내가 아는 것을 아버지한테 단 한마디도 하지 않았어. 그럴 필요가 없었거든. 아버지는 내가 알고 있다는 것을 아시니까. 아버지가 아테네와 치른 전쟁에서 돌아온 지금, 우리는 예전보다 함께 보내는 시간들이 훨씬 많아졌어. 대회의실에 나를 부른 것은 일종의 시험이었지. 나는 그 시험에 통과했고. 아버지뿐만 아니라 민선 장관들도, 심지어 데마라토스까지, 나를 엄마의 후임자로 대했어. 엄마와 상의한 만큼 나와 의논했지. 이렇게 해서 아테네와 어떻게 협상하고 있는지 놓치지 않고 알아 갈 수 있었어. 의회에서는 내가 회의에 참석하는 것을 두고 농담을 던졌어. 내 나이 겨우 열 살이었지만, 의회에서는 '고르고 협정'이라 불렀단다. 페르시아인들에 대해 이야기할 때마다 집정관들은 나를 보고 웃으며 이렇게 말했어.
 "페르시아인들이 오고 있다네."
 그동안 조약이 체결되고 아테네에서 사절단이 찾아왔어. 나도 그 자리에 초대받았는데, 내심 사절단 중에 여자도 함께 오기를 바랐어. 그래야 곰이 되는 게 무엇인지 물어볼 수 있으니까. 그런데 이런, 여자는 아무도 오지 않았지 뭐야. 아버지가 만찬을 열었을 때, 내가 그 자리에 참석한 유일한 여자였어. 식사하는 내내 나를 뚫어지게 쳐다보던 아테네인들의 시선이 느껴지더군.

그중에서도 특히 가장 젊은 남자가 식탁에 앉아 있는 내 모습을 신기하게 여기는 듯했어. 스무 살도 채 되지 않아 보였지만, 아버지가 그랬듯이 퍽 위협적인 존재감을 드러냈지. 외모만 보면 마치 황소 같았어. 각진 머리에 넓은 가슴 그리고 탄탄한 근육으로 무장했지. 하지만 표정은 시시각각 변하더라고. 이윽고 수시로 변하는 그 표정은 자신의 생각을 그대로 나타낸다는 것을 알아차렸지. 그 점에서 그가 그리스를 통틀어 가장 영리한 사람이라는 것도 알게 되었어. 그는 술수에 능하고 멀리 내다볼 줄 아는 능력 덕분에 끊임없이 잽싸고 민첩하게 행동했어. 나중에 알고 보니 이름이 테미스토클레스라 하더군.

저녁 식사는 금방 끝났어. 스파르타의 관습에서는 식탁에서 시간을 길게 보내지 않거든. 음식은 남자들의 군대에서 나오던 그대로였지. 돼지 피로 만든 검은 수프였는데, 우리 스파르타인들은 맛있다고 생각하지만 위가 다소 예민한 외국인들은 역겨운 맛이라고 여기더구나. 아테네인 대부분은 수프를 먹느라 진땀을 흘렸지. 몇몇은 아예 입에도 대지 못했어. 하지만 테미스토클레스는 접시를 싹싹 비웠을 뿐만 아니라 더 달라고 했지 뭐야. 아버지까지 이 모습을 인상 깊게 보셨지.

식탁에서 일어선 후, 아버지는 내 팔짱을 끼고는 테미스토클레스에게 나를 소개하셨어.

"이 젊은 총각이 특별히 너를 만나고 싶다고 했단다. 너와 페르시아인들에 대해 이야기하고 싶어 해. 내 말이 맞나?"

테미스토클레스가 고개를 끄덕였어.

"고르고 양, 당신이 스파르타에게 보내는 경고의 목소리를 들었다는 보고가 아테네에 들어왔습니다."

아버지는 이 말을 듣고 한바탕 웃음을 터뜨리셨지.

"맞아, 맞아. 사실이고말고. 우리 딸은 페르시아인이 누구인지도 모르지만!"

테미스토클레스는 이에 공손히 미소를 지었지. 그렇게 하면서 내게는 아주 예의 바르게 고개를 끄덕였어.

"언젠가 한번 따님과 이 이야기를 나누리라 생각했습니다. 폐하께서도 아시다시피, 저도 따님처럼 페르시아인들이 저희 도시로 온다는 경고를 끊임없이 한답니다. 이 때문에 도시에서 악명이 자자하지만요. 또한 저는 따님처럼 어리지는 않지만, 제 동료 대표단들과 비교해서는 말입니다, 매우 젊습니다. 그래서 그 누구도 제 말을 듣지 않아요. 그렇다면 우리에게는 매우 공통점이 많다고 생각되는군요."

아버지는 또다시 웃음을 터뜨리고는 테미스토클레스의 어깨를 철썩 때렸지.

"안 그래도 무서워하는데 더 무섭게 만들기 딱 좋겠구먼."

아버지는 내 머리를 헝클어뜨렸어.

"이 남자와 함께 가서 이야기를 나누렴. 그래야 나도 정보를 더 얻을 게 아니냐."

아버지는 자리를 떠났고, 나는 테미스토클레스를 바라보았지.

"어디로 가고 싶으세요?"

"저는 이 도시가 처음이니까, 당신에게 소중한 곳으로 데려다 주십시오."

나는 생각에 잠겼다가 이내 고개를 끄덕였어. 우리는 늦은 오후 선선해질 무렵 밖으로 나섰지. 잠시 동안 아무 말 없이 걷다가, 마음속에 꾹 억눌렀던 질문을 참지 못하고 고개를 돌렸어.

"아테네에 사는 여자아이들은 곰으로 변한다던데, 사실인가요?"

테미스토클레스는 여러 감정이 뒤섞인 듯 신기하고도 놀랍다는 표정으로 나를 쳐다보더군.

"맞아요. 누가 그런 이야기를 하던가요?"

"저희 어머니가요."

그가 고개를 끄덕였어.

"어머니께서 현명하셨다던데, 과연 제대로 정보를 받으셨군요. 아테네에서는 스파르타 여성들을 과소평가하지 말아야 한다는 말이 종종 나온답니다."

나는 수줍어하며 아테네 사절단에 여성도 오기를 바란다고 솔직히 말했어.

"당신이 실망한 바를 이해합니다."

테미스토클레스가 말했지.

"공주님의 어머니가 분명히 이야기하셨듯이, 아테네 소녀들만이 유일하게 곰으로 변하지요. 아테네 소년들은 야생 동물로 시간을 보낸 적이 없어요. 그래서 우리 남자들은 항상 여성들에게 빚을 지고 있다고 생각하지요. 남편이라면 누구나 자신의 아내가 열 살이었을 때, 일 년 내내 아르테미스와 함께 야생을 누비고 다녔다는 것을 알아요. 여신과 함께 하는 삶이 어떠한지 안다는 것을 말이지요."

그는 잠시 말을 멈추더니 숙연한 표정으로 고개를 끄덕였어.

"아테나를 수호신으로 모시고 있는 도시에서는 매우 가치 있는 일이지요."

"제 유모가 그러는데, 아테네 소녀들은 여신의 뱀에게 먹이를 준다면서요?"

"맞아요, 사실이에요. 그리고 뱀에게 먹이를 주는 일만 하는 게 아니랍니다. 해마다 여름, 아테나의 생일이 되어 우리가 아크로폴리스에 오르면, 소녀들과 여성들이 행진을 이끌지요. 곡식, 케이크, 벌집 등 여신에게 드릴 선물을 팔에 끼우고 가요. 4년에 한 번씩 여신에게 드릴 아름다운 예복도 가지고 오고요. 아티카 여성들이 아홉 달이나 들여서 짠 복장인데, 여신의 일생을 담은 그림으로 수 놓여 있답니다. 우리 도시에 사는 이라면 누구나 해야 할 가장 중요한 임무예요. 우리 남자들은 창으로 도시를 지켜요. 하지만 여성들은 훨씬 더 중요한 방법으로 도시를 지키지요. 신을 우리 편으로 두는 거예요."

스파르타 남쪽으로 굽이굽이 이어진 길을 따라 테미스토클레스를 데리고 가면서, 나는 이 이야기를 곱씹어 보았어.

"제 희망도 그래요."

마침내 내가 운을 뗐지.

"저도 아테네 여성들처럼 제 도시를 위해 의무를 다하고 싶어요."

"당신도 그렇게 하리라 믿어 의심치 않습니다, 고르고 양. 그래서 당신과 이야기를 나누고 싶었어요."

"무슨 의미이신지요?"

"솔직하게 말해도 되겠습니까?"

나는 저렇게 다 큰 남자가 내게 그런 질문을 할 생각을 하다니 어리둥절했어.

"물론이에요."

"고르고 양, 그대 아버지에게는 아들이 없어요. 당신이 후계자이지요. 그래서 당신이 대회의실에서 훈련을 받았던 거고요. 물론 당신은 왕이 되지는 않겠지만, 장차 왕이 될 사람과 결혼할 겁니다. 당신 어머니가 옳았어요. 페르시아인들이 오고 있다고요. 그리스에서는 어느 누구도 이 말을 이해하지 못하는 것 같아요. 하지만 저는 알아들었어요. 당신도 마찬가지고요. 그리고 수년 내에, 신이 우리를 어여삐 여기신다면, 우리 둘 모두 서로를 뒷받침해 주는 위치에 서게 될 겁니다. 우리 도시는 당신네 도시처럼 동맹 없이는 페르시아인들을 막을 수 없어요. 그리스의 모든 도시들이 자유를 지키기 위해 뭉치기를 바랍니다. 하지만 스파르타와 아테네가 하나되지 않으면 그런 일이 일어날 가망이 없어요."

나는 그의 얼굴을 유심히 살펴보았지. 그가 하는 말이 농담이 아니기를 진심으로 확신하고 싶었어.

"아테네의 대표 사절단은…."

마침내 내가 물었어.

"열 살짜리 여자아이와 연합하는 게 관행인가요?"

"아닙니다, 고르고 양. 그렇지 않아요. 하지만 다시 말하건대, 저는 여느 아테네인들과는 다릅니다."

"저는 아테네인을 만난 적이 없어요. 그러니 알 수 없지요."

그가 웃음을 터뜨렸어. 그러더니 침묵에 빠졌고 나도 입을 닫았어. 우리는 그렇게 계속 길을 걸었어.

우리 앞으로 언덕이 어렴풋이 드러났어. 나는 정상으로 향하는 오솔길을 따라갔지. 그 길을 수없이 올라갔기 때문에, 비탈길도 문제없이 깡충깡충 뛰어갔어. 하지만 테미스토클레스는 몸을 가누기도 힘들어 하더군. 붉은 흙먼지가 뭉게뭉게 올라와서 계속 미끄러지는 바람에, 손으로 몸을 지탱할 수밖에 없었어.

"이제 다 왔어요."

내가 손으로 가리키며 말했어.

언덕배기에 무덤이 하나 있었어. 돌로 된 벽돌로 지었는데 어찌나 어마어마한지 거인이 가져다 놓은 것 같았지.

"저게 뭐요?"

테미스토클레스가 물었어.

"헬레네 왕비의 무덤이에요. 제우스의 딸이었지요. 왕비는 알에서 태어났어요. 그리고 세상에서 가장 아름다운 여인으로 자랐답니다. 헬레네 왕비의 무덤은 신성한 곳이에요. 스파르타의 어머니가 못생긴 딸을 낳았다면 무조건 여기로 데리고 와서 제물로 바쳐야 해요. 그러면 왕비께서는 아기를 가엾게 여겨 주시지요. 그리고 '사랑스러움'이라는 선물을 내려 주신답니다. 왕비는 때로 사람의 모습을 하고 나타나서 아기의 볼을 어루만져 주기도 해요. 그래서 제 유모가 말하길 스파르타 여성들이 세상에서 가장 아름다운 거래요."

나는 말을 하다가 얼굴이 붉어졌어.

"물론, 아테네 여성들도 아주 아름다울 테지만요."

테미스토클레스가 씩 웃었어.

"그렇지요."

그는 손을 무덤에 가져다 댔어. 손가락으로 무덤의 가장자리를 쓸어내렸지.

"제 생각은 말이죠, 고르고 양."

그가 생각에 잠긴 얼굴로 말했어.

"바로 그 신성한 기운 덕분에, 고르고 양이 저를 여기로 데려온 모양입니다. 아마도 헬레네 왕비의 기운이겠지요."

"예?"

"제우스가 왜 헬레네 왕비의 아버지가 되었다고 생각하십니까?"

나는 난감한 표정으로 어깨를 으쓱했어. 이 질문에 대해서는 생각해 본 적이 없었거든.

"말씀해 드리지요. 세상을 미쳐 돌아가게 하려고 그런 거예요."

그의 말을 듣고 보니, 람피토가 내게 아주 비슷한 말을 했던 때가 떠올랐어. 제우스가 하늘에서 내려온 일은 어린 소년이 연못에 돌을 집어던진 것이나 같다고 말이야.

"저기였어요."

내가 손으로 가리키며 말했어.

"에우로타스 강이 흐르는 곳이요. 그곳에서 제우스가 헬레네 왕비의 어머니 위로 떨어졌어요. 그는 커다란 백조의 모습을 하고 찾아왔지요. 왕비의 어머니는 백조에게서 벗어날 수 없었어요. 백조의 깃털에서 뿜어 나오는 광채가 너무나도 황홀했거든요."

"헬레네 왕비가 그에 못지않게 아름다웠지요."

테미스토클레스가 말을 받았어.

"왕비는 그만큼 너무나 위험해졌어요. 고르고 양도 아시리라 생각하는데, 왕비가 여기에서 누군가에게 납치되었지요? 에게 해를 가로질러 찾아온 파리스라는 왕자에게서 말입니다. 에게 해는 아시아와 그리스 사이에 있는 아름다운 바다이지요. 파리스는 아시아의 위대하고도 유명한 도시인 트로이 왕의 아들이었어요. 그래서 그리스의 모든 왕들은 트로이인들이 헬레네를 차지하는 것을 두고 볼 수 없었어요. 그들은 헬레네를 되찾으러 트로이로 항해했지요."

"왕비를 되찾아오는 일은 쉽지 않았어요. 트로이인들이 손수 만든 장벽은 그리스의 여느 벽보다도 높았으니까요. 트로이는 아시아와 유럽을 가르는 좁은 바다인 헬레스폰트 해협 옆의 평지에 세워져 있었어요. 이곳에서 10년이라는 긴 시간 동안, 서방과 동방의 영웅들이 서

로 싸우고 목숨을 앗아갔지요. 영광스러운 만큼 끔찍한 전쟁이었어요. 고르고 양. 청동 갑옷을 입은 전사의 대열로 붉은 피가 흩뿌려졌고요. 그 어디에도 비길 데 없는 용감한 모습이었지요."

"트로이 평야에서 싸운 사람은 신의 아들들뿐만이 아니었어요. 신들도 전쟁에 참여했답니다. 아폴론의 활이 그리스 전역으로 쏟아졌어요. 아테나의 함성은 트로이인들을 공포로 몰아넣었고요. 신들은 마치 독수리 떼처럼 전쟁터에 날갯짓을 하며 내려왔어요. 이전에는 신들이 무언가에 그토록 사로잡혀 있었던 적이 단 한 번도 없었어요. 그러한 구경거리는 절반도 즐겨 본 적이 없었지요."

"그리고 마침내 전쟁이 끝나고, 트로이의 장벽은 땅으로 무너져 내렸어요. 도시의 여자들은 노예로 끌려 나갔고, 남자들은 검게 그을린 돌무더기 한복판에 쓰러지고 일그러졌지요. 신들조차 완전히 기진맥진한 것 같았어요. 승리의 기쁨을 만끽하며 고향으로 돌아온 자들은 거의 없었답니다."

"어떤 이들은 폭풍우에 휩쓸려 익사하고 말았어요. 또 어떤 이는 벼락을 맞고 목숨을 잃었지요. 또 다른 이는 집에 돌아오자 아내에게 살해되었어요. 그런데 괴물이 득실대는 바다를 건너며 바람에 휩쓸리고, 배가 끊임없이 부서지는 와중에도 견디고 살아남은 사람도 있었어요. 그렇게 10년이라는 긴 세월을 방황한 끝에 지친 몸을 이끌고 홀로 고향에 돌아왔답니다. 세월이 흐르고 트로이에서 싸웠던 마지막 남자들은 하데스에게 내려갔어요. 그들이 이루어낸 위대한 공로는 이제 막을 내리는 듯했지요. 영웅의 시대가 끝난 겁니다."

테미스토클레스가 잠시 말을 멈추었어. 그는 나를 지그시 바라보더니, 서쪽으로 고개를 돌렸지. 해가 타이케투스 산 꼭대기 뒤로 저물기 시작했어.

"하지만 트로이가 불에 타서 없어지지 않았다면 어떻게 되었을까요? 우리가 트로이를 찾아갈 수밖에 없는 운명에 고통받아야 한다면? 한때 유럽이 아시아를 침략했던 것처럼 아시아가 유럽을 반드시 침략해야 하는 운명이라면 어떻게 될까요? 세상이 다시 불길에 휩싸일 수밖에 없다면요?"

내가 천천히 대답했어.

"페르시아인들이 온다면 어떻게 되겠냐고요?"

테미스토클레스가 고개를 끄덕였어.

"신이 미래를 조종한다고 믿는 사람들이 있어요, 고르고 양. 하지만 신들은 그렇게 하지 않아요. 아폴론이 델포이에 신탁을 내렸을 때, 그는 자신이 한 예언을 책임지지 않았어요. 당신이나 나만큼이나 미래를 바꿀 수 있는 능력이 없단 말입니다. 우주를 지배하는 것은 아난케 여신이에요. 여신 앞에는 그 어떤 장애물도 없지요. 아난케가 쳐 놓은 그물은 괴물을 옴짝달싹 못하게 하듯 온 우주를 붙잡아 놓습니다. 신들은 이 점을 아주 잘 이해하고 있어요. 아난케의 그물에서 벗어날 수 없다는 사실을요. 그렇다고는 해도 신들은 그물을 가지고 놀며 재미를 느낀답니다. 때로는 매듭을 느슨하게 해요. 어떤 때는 팽팽하게 묶어 놓고요. 끈을 금처럼 반짝이게 하거나, 무지개 색으로 휘황찬란하게 색칠하고, 보석처럼 눈부시게 만들기도 하지요. 더 많은 구경거리를 만들 수만 있다면 무엇이든 하려고 해요. 신들은 세상에 일어나는 일을 바라보며 즐기기를 바라요."

"그래서 아주 오래전에도 그랬고 지금도 그래요. 저는 뼛속 깊이 느낍니다. 신들은 올림포스에 있는 왕좌에 앉아 인간들이 하는 행동을 지켜보며, 온 세상에 걸쳐 운명의 그물이 조여 오는 것을 느낄 수 있어요. 그들은 미래를 예측하며 덜덜 떨지요. 앞으로 다가올 학살을 피할 방법은 없어요. 고르고 양, 이런 이유로 당신과 이야기해 보고 싶었습니다."

10장

페르시아인

그날 저녁까지, 나는 그리스 너머로 어떤 나라가 있는지 아는 게 하나도 없었어. 스파르타가 얼마나 작은지 눈곱만치도 몰랐지. 사실 람피토가 세상이 얼마나 넓디넓은지 관심이 없는 것도 특이한 일은 아니었지. 그 어떤 스파르타인들도 관심이 없었으니까. 하지만 테미스토클레스 덕분에 눈을 뜨게 되었고, 그 이후로 나는 세상에 관심을 결코 닫지 않았지.

"페르시아인들에 대해 당신과 이야기해야 해요."

테미스토클레스가 말했어. 그는 페르시아인들에 대해서만 이야기하지는 않았어. 이를테면 아시아의 리디아인에 대해서도 말했어. 그들은 에게 해에 붙어 있는 내륙에 사는데, 세상에서 가장 부유했다지. 50년 전, 우리 할아버지가 다스렸던 시절에 리디아인들은 크로이소스라는 왕의 지배를 받았어. 크로이소스 왕만큼 큰 부자는 어디에도 없었지. 그 이유가 뭘까? 내가 말해 줄게. 내 어릴 적 그날 밤, 헬레네 왕비의 무덤 옆에 앉아 테미스토클레스가 들려주었던 것처럼 말이야. 그러니 들어 봐.

우선, 크로이소스 왕은 커다랗고 풍요로운 제국을 다스렸어. 그가 정복한 나라 중에는 아시아 끝자락에 있던 그리스 나라들도 꽤 있었지. 그중에 하나가 에게 해 해변을 따라 쭉 뻗어 있던 이오니아였어.

이오니아인들은 수백 년 전 그리스에서 배를 타고 왔어. 매우 영리하고 부유했으며, 온화한 성품으로 유명했지. 이들은 리디아인들과 맞서 싸우기보다 우주가 물로 이루어졌는지, 불로 이루어졌는지 따져 보고, 향수로 몸을 흠뻑 적시고, 땅콩을 먹으며 느긋하게 돌아다니기를 좋아했어. 크로이소스 왕은 이 선량한 사람들을 무서워할 필요가 없다는 사실을 알았기에 그들을 마음껏 착취했지.

하지만 정복만으로 부유해진 것은 아니야. 광산도 엄청 많이 가지고 있었단다. 크로이소스 왕은 광산으로 이전에는 한 번도 하지 않았던 실험을 하기에 이르렀어. 금과 은으로 동전을 주조하는 것이지. 이 실험은 어마어마하게 성공했어. 동전은 리디아에서 이오니아로 그리고 이오니아에서 또 그리스로 퍼졌어. 이미 풍족하게 살았던 리디아인들은 더욱 부자가 되었단다. 오늘날, 모두 (여기에서 스파르타는 예외야. 돈이 전쟁을 대비해 훈련하는 데 방해가 된다고 생각하거든) 돈을 쓸모 있게 사용해. 하지만 돈을 발명한 주인공은 크로이소스 왕이었어.

그는 자신이 만든 것에 매우 흡족해했어. 외국인이 리디아의 수도인 사르디스에 찾아오면, 금과 보석으로 하늘 높이 쌓인 보물을 보여 주며 자기가 세상에서 가장 행복한 사람이 아니냐고 자신만만하게 묻고는 했대. 물론 대부분은 그의 말에 맞장구쳤지만 모두가 그렇지는 않았어. 테미스토클레스가 그러는데, 아테네에서 솔론이라는 사람이 찾아왔어. 현명한 사람으로 그리스에 소문이 자자했다지. 솔론은 크로이소스 왕에게 죽음 직전에 이르기까지 스스로를 행복하다고 여기지 말라 경고했어.

"인간은 행복하게 세상을 떠날 때에만 행복하다 여길 수 있습니다."

크로이소스 왕이야 당연히 이 말이 어처구니없다고 생각했지. 솔론이 지혜롭다는 평판을 가볍게 여긴 크로이소스 왕은 그를 바보 같다고 하며 돌려보냈어. 솔론은 아테네로 돌아갔고, 크로이소스 왕은 사르디스 정상을 높다랗게 에워싼 커다란 요새에서 자신의 군대, 보물, 권력을 마음껏 누렸어. 그러니 어찌 행복하지 않다 말할 수 있겠어?

그가 솔론의 경고를 무시한 특별한 이유가 두 가지 있었어. 우선, 그는 아폴론이 아주 좋아했던 인물이었어. 실제로 크로이소스 왕이 델포이에 보낸 선물은 그 어떤 인간도 도전장을 내밀지 못할 정도로 가장 훌륭했어. 하지만 그뿐만이 아니었어. 크로이소스 그 자체로도 어마어마한 왕이었지만, 자신보다 더 강력한 왕 두 명을 친구로 두고 있었어.

사르디스에서 여행을 하면 세 달 걸리는 곳에, 바빌론의 왕이 살고 있었단다. 바빌론은 세상에서 가장 큰 도시였어. 그리스 전체에 사는 사람보다 바빌론에 사는 사람이 더 많았지. 바빌론 신전은 구름에 가려 어렴풋이 보이고, 벽은 또 어찌나 큰지 마차를 타고 오는 사람은 빙글빙글 돌아 정상까지 가는 데에만 꼬박 하루가 걸렸다고 해.

한편, 바빌론 동쪽으로 이란이라는 아름다운 영토에 또 다른 대단한 도시가 있었어. 에크바타나라는 곳인데, 메디아인이라 불리는 사람들의 수도였단다. 이곳에는 둥근 벽이 하나도 아니고 일곱 겹이나 있었지. 가장 바깥에 있는 벽은 흰색이었고 그 다음 벽은 검은색, 그 다음은 자주색이었어. 그 다음은 파란색, 또 그 다음에는 주황색 벽이 있었지. 끝에서 두 번째 벽은 은색을 둘렀고, 가장 안쪽에 있는 벽은 금색이었어.

우리 할아버지 시대에 이곳을 다스리던 왕은 아스티아게스라 불렸어. 그는 아시아에서 그 어떤 지배자보다도 강력한 권력을 자랑했지. 크로이소스 왕과 바빌론의 왕만 그와 어깨를 나란히 할 수 있었어. 크로이소스는 더 부자였고, 바빌론 왕의 수도는 더 컸지만, 아스티아게스 왕은 최고의 기병들을 거느렸단다.

메디아에서 기르는 말은 세상에서 가장 크고 빨라. 이들을 전쟁터에서 만나면 끔찍 그 자체였지. 그러니 아스티아게스 왕은 크로이소스 왕과 바빌론의 왕처럼 스스로를 천하무적이라 생각했어. 당연히 그 어느 왕조도 어딘가에서 사람들이 나타나, 그들 대다수를 정복하고

모든 왕국을 통합하여 지배하리라고는 전혀 생각하지 않았지.

하지만 정확히 바로 그 일이 일어났어. 테미스토클레스의 말을 들으며 휘둥그레진 눈으로 묻던 때가 생각나.

"페르시아인들이었어요?"

그 역시 침통한 얼굴로 고개를 끄덕이던 모습이 떠올랐지. 그러더니 내가 전혀 생각하지 못했던 페르시아인들의 모습에 대해 알려 주었어. 그들이 통치자로서 얼마나 알맞은지 말이야. 그리고 잘생긴 외모로 얼마나 유명한지도. 전쟁에서는 또 어찌나 무시무시한지! 그들의 인생에서 가장 중요한 덕목은 언제나 진실을 말하는 것이래. 게다가 활쏘기 장인에 말 타기 고수였다더군.

"정말 벅차고도 벅찬 적이었어요, 고르고 양. 아주 무시무시했지요."

테미스토클레스가 이렇게 말하는 순간, 람피토가 페르시아 왕이 제우스의 후손이며 내 먼 친척이라고 했던 때를 떠올렸어. 난 그 말을 당연히 믿었고.

"하지만 오랫동안 페르시아인들은 메디아 왕조의 지배를 받았어요."

페르시아인들은 자신들을 옭아매던 속박에서 겨우 벗어났고, 나아가 세상을 단 한 사람의 힘으로 정복했다고 했어. 그가 바로 키루스 2세야. 테미스토클레스는 그가 역사상 가장 뛰어난 사람이라고 주장했어. 그의 아버지는 페르시아의 왕이었고, 어머니는 메디아를 다스리던 아스티아게스 왕의 딸이었대. 키루스를 임신했을 때, 그의 어머니가 꿈을 꾸었다더군. 침대가 젖어 웅덩이가 생기더니, 웅덩이가 퍼지고 퍼져서 급기야 커다란 바다가 되고, 아시아를 몽땅 물속에 잠기게 했다나.

그런데 그게 사실로 드러났어. 아스티아게스 왕은 손자의 운명을 거역할 길을 찾다가, 산비탈에 데려가 야생 동물에게 잡아먹히도록 내버려 두었어. 하지만 신이 그를 보호해 주었지. 키루스는 페르시아 왕의 자리를 물려받자마자 군대를 이끌고 아스티아게스 왕에게 쳐들어갔어. 전쟁터에서 그는 메디아인들과 두 번 대결을 펼쳤고, 모두 큰 승리를 거두었단다. 두 번째 승리한 후, 그는 자기 할아버지를 감옥으로 보냈어. 그리고 에크바타나로 들어가서 일곱 겹으로 만든 거대한 성문을 지나, 왕궁을 차지했지. 키루스는 이제 메디아의 왕도 되었어.

테미스토클레스가 말하길 이웃나라에서는 당연히 이를 보고 불안해했다지. 크로이소스는 떠오르는 페르시아를 보고 아예 처음부터 싹을 잘라야 하나 고민하기 시작했어. 하지만 그는 서둘러서 그 일을 해낼 능력이 없었어. 자칫하면 어리석은 일이 될 수 있으니까. 우선 아폴론과 상의하는 것이 중요했어. 그래서 전령을 부랴부랴 델포이로 보냈지.

"크로이소스 왕이 페르시아를 공격해야 합니까?"

전령이 이렇게 묻자 단호한 대답이 잽싸게 돌아왔어.

"페르시아인을 공격하라. 그러면 거대 제국을 파괴할지니."

이 말을 들은 크로이소스는 마음을 푹 놓았어. 그리고 거대한 군대를 이끌고 페르시아에 맞서 진군했지. 그는 자신의 제국 가장 동쪽 끝 국경에 있는 할리스 강을 건넜고, 전쟁터에서 키루스를 만났어. 하지만 두 왕 중에 그 누구도 승리를 거두지 못했어. 크로이소스는 외국에서 겨울을 나지 못할 것 같아 걱정이 되어, 물러나기로 결정했지. 키루스가 자신의 뒤를 따라오리라고는 꿈에도 생각하지 못하고 말이야.

하지만 바로 뒤에서 키루스가 뒤쫓고 있었어. 그는 크로이소스가 자신의 존재를 알아차리지 못하게 은밀하게, 리디아의 군대를 따라갔지. 그러고 나서 적이 동맹군을 모두 해산하고 사르디스에 다다르자 공격을 시작했어. 가장 뛰어난 참모인 하르파구스의 조언대로, 키루스는 짐을 나를 때 쓰던 낙타를 맨 앞에 배치했지. 리디아 병사들은 낯선 생명체가 내뿜는 고약한 냄새를 맡고 기겁하여 허둥지둥 도망쳤어. 그 다음 키루스는 남아 있던 크로이소스의 군대를 싹쓸이했지. 그는 위풍당당하게 사르디스에 들어가서 크로이소스를 잡았어.

키루스는 포로가 자신을 이유 없이 공격한 죄를 처벌하고 리디아인들에게 앞으로 저항하지 않도록 경고를 주기로 했어. 그래서 패배한 왕을 쇠사슬로 감아 거대한 장작더미 위로 보내라고 명령했지. 크로이소스는 말뚝에 묶였어. 키루스가 명령을 내리고, 장작더미에 불이 붙었어. 한때 세상에서 가장 부유했던 왕은 이제 아무것도 남은 게 없었지. 행복의 정점에서 몰락하고 이제 끝이 보였어.

크로이소스는 과거를 되돌아보며 크게 탄식했어.

"솔론."

그가 외쳤지.

"솔론! 당신이 옳았소!"

키루스는 이 말을 듣고 솔론이 누구인지 알려 달라 했지. 크로이소스가 솔론에 대해 알려 주자, 키루스는 그 이야기를 듣고 감동하여 눈물을 흘렸대. 생각해 보니 그도 언젠가는 죽게 될 인간이었고, 죽기 직전까지 행복하다고 우쭐대지 말라는 솔론의 충고는 크로이소스 못지않게 자신에게도 해당되는 것이었어. 그래서 키루스는 즉시 왕좌에서 일어나 죄인을 풀어 주라 명령했지.

하지만 너무 늦고 말았어. 불꽃이 장작더미를 핥으며 올라오더니 금세 불길이 치솟았어. 키루스의 신하들은 장작 위를 오를 수 없다고 생각했지. 크로이소스는 하늘 위를 바라보며 죽기만을 기다렸어. 그런데 그때 기적이 일어났어. 바람이 어딘가에서 불어오기 시작한 거야. 먹구름이 몰려와 해를 완전히 가려 버렸지. 양동이로 물을 쏟아붓듯 비가 세차게 내렸어. 불이 꺼지고, 크로이소스는 그 모든 어려움을 이겨 내고 살아남았단다.

리디아를 정복한 이상 바빌론까지 칠 계획을 짰던 키루스는, 사르디스를 떠나 페르시아로 돌아가기로 했어. 그는 크로이소스에게 함께 고향으로 돌아가, 자신을 보좌하는 참모가 되어 달라 명했지. 크로이소스는 이제 자신의 주인이 된 키루스의 말에 복종하며 고향을 떠날 채비를 했어. 떠나기 전에 그는 장작더미 위에서 자신을 꼼짝 못하게 묶었던 쇠사슬을 신하에게 주고는, 델포이에 가지고 가라고 명령했어.

"그곳에 도착하거든, 아폴론께 이렇게 물어보게. 신을 잘 모시는 사람을 속이는 게 습관이냐고."

그동안 크로이소스는 자신이 원래 살던 곳과 작별 인사를 하고자 했어. 말을 타고 사르디스를 감싸고 있던 교외로 나갔지. 그가 월계수 수풀을 지나가는데 갑자기 앞에 아폴론이 나타났어. 눈부시게 빛나는 신의 아름다움에 말이 놀라 앞발을 높이 들어올렸어. 그 바람에 크로이소스는 땅바닥에 떨어지고 말았지.

아폴론은 준엄한 눈빛으로 그를 바라보았어.

"감히 내가 그대를 속였다고 말하는가?"

그가 강한 어조로 물었지.

"그대는 할리스 강을 건너 거대 제국을 파괴했다. 그대 스스로 말이야. 그러니 어디서 부정 행위가 일어났다는 것이지? 나는 그대의 어리석음을 구제해 줄 수 없었어. 아낭케 여신이 반드시 일어나리라 선언한 것은 아무리 신이라 해도 바꿀 수 없다는 말이야. 하지만 나는 3년 동안이나 그대의 몰락을 계속해서 미루어 주었어. 그리고 그대가 장작더미 위에 올라 불꽃에 타들어가기 직전에, 비를 내려 그대를 구해 주었지."

크로이소스는 신의 얼굴을 올려다보며 자비를 베풀어 달라고 애원했어. 하지만 아폴론의 미모에서 뿜어 나오는 광채를 견뎌낼 수 없었지. 정신이 점점 멍해졌어. 다시 눈을 떠 보니 이미 해가 지고 있었고, 신의 자취는 온데간데없었지 뭐야. 크로이소스는 사르디스로 돌아가 아폴론이 했던 말을 곱씹어 보았지.

며칠 뒤, 크로이소스가 키루스 옆에서 말을 타고 페르시아로 가던 길이었어. 그는 신이 자신을 배신했다며 비난하지 말아야 했다고 고백했어. 그가 몰락한 책임은 아폴론에게 있지 않았어. 책임을 져야 할 사람은 오직 그 자신뿐이었지.

여기까지가 테미스토클레스가 내게 들려준 이야기야. 그가 이야기를 마쳤을 때, 내게 고개를 돌리고 확실한 교훈 하나를 알려주었지.

"고르고 양, 크로이소스는 세상에서 가장 부유한 왕이었어요. 그럼에도 그가 페르시아를 상대로 무엇을 할 수 있었나요? 아무것도 할 수 없었죠. 크로이소스의 제국 중 일부로 수많은 세월을 보냈던 이오니아인들도 마찬가지였어요. 이들도 페르시아에 정복되고 말았지요.

이오니아에서 가장 커다랗고 부유한 도시였던 밀레투스도 사실상 함락되었어요. 다른 곳은 싹쓸이 되었고요. 어두운 그림자가 이오니아를 덮쳤어요. 계절이 지나고 해가 바뀌며, 이오니아인들은 느낄 수 있었지요. 신과 인간 사이에서 엄청난 비극이 싹트고 있다는 것을요. 지금 이 겨울의 한가운데에서도, 벽 너머에 놓여 있는 모든 것을 막고 난롯가 앞 푹신한 의자에 기대앉아서 좋은 음식과 달콤한 포도주를 마시는 와중에도 그들은 느껴요. 페르시아인들이 오고 있다는 사실을요. 세상이 흔들려요. 앞으로 다가올 더 크나큰 충격이 산들바람을 타고 속삭여요."

그 말을 듣고 나는 몸이 부들부들 떨렸어.

"저도 그렇게 느껴요."

"그래야죠, 고르고 양. 그래야 해요. 크로이소스가 페르시아에 짓밟힌 마지막 강력 군주라고 생각하면 안 되니까요. 바빌론까지 페르시아의 손에 무너져 내렸어요. 페르시아가 벽을 부수고 쳐들어왔을 때, 페르시아의 승리 소식이 도시 전역으로 전해지기까지 하루가 꼬박 걸렸고 그 규모는 실로 엄청났답니다. 페르시아는 이집트도 정복했어요. 인도도 자기 손안에 넣었고요. 그러면 이제 그리스도 당연히 넘보지 않겠습니까?"

타이게투스 산 뒤로 해가 저물고 동쪽 지평선이 피처럼 붉게 물들자, 테미스토클레스가 내게 이렇게 말했어.

"하지만 아테네인들과 스파르타인들은 아무 생각이 없어요. 머지않아 우리가 맞닥뜨려야 하는 일이 무엇인지 알지 못하지요. 페르시아 왕은 역사상 가장 강력한 지배자예요. 단순히 페르시아의 왕이 아닌, 위대한 왕이며 왕 중의 왕이지요. 그의 제국은 에게 해에서 인도까지 뻗어 있어요. 수사의 거대 궁전 안 왕좌에 앉아, 자신이 차지한 수많은 곳에서 부를 누리고 노동력을 부립니다. 아마 곧이어 군대를 우리에게 보낼 거예요."

테미스토클레스가 이렇게 말하는 순간, 스파르타 출신의 나조차도 온몸이 얼어붙을 정도로 끔찍한 두려움이 몰려왔어.

"확실한가요?"

내가 물었어.

"불가능하지 않나요…."

이렇게 말하며 침을 꿀꺽 삼켰지. 헛된 희망을 품고 싶지는 않았지만, 마찬가지로 아테네인들이 예측한 대로 미래가 어둡다고 믿고 싶지 않았어.

테미스토클레스가 고개를 흔들었어.

"아니오, 고르고 양. 정말이에요. 당신은 어릴지는 몰라도 진실을 숨기지 않을 정도로 영리하고 용감해요. 오늘날 페르시아의 왕좌에 앉아 있는 남자는 키루스만큼이나 꽤 능력이 출

중해요. 왕의 이름은 다리우스랍니다. 그는 아주 강력한 전사예요. 똑똑하고 계산도 빠르죠. 키루스처럼 그도 페르세우스의 후손이에요. 그의 핏줄에 제우스의 피가 흐르죠. 그를 보는 이들 누구나 확신해요. 키가 크고, 미남이며, 강하고, 활을 잘 쏘며, 말을 타고, 살아 있는 그 누구보다도 더 적을 잘 쓰러뜨린다는 사실을요."

"그러면… 아무런 희망이 없는 거예요?"

"물론 희망이 있죠! 저녁 내내 이 이야기를 당신에게 들려주었는데, 희망이 없겠다고 생각했나요, 고르고 양? 무엇보다도 당신의 핏줄 속에도 제우스의 피가 흐르고 있어요! 당신과 나, 스파르타와 아테네, 우리가 힘을 합친다면 무엇인들 못하겠습니까? 하지만 당신은 나를 믿어야 해요. 내가 당신을 믿을 수 있어야 하는 만큼요."

어느덧 어두컴컴해졌어. 우리 뒤에 있던 무덤은 어둠속으로 거의 사라졌지. 나는 그 위에 내 손을 얹었어.

"맹세하건대…."

내가 말했어.

"스파르타 그리고 그리스의 자유를 지키기 위해 언제나 당신과 함께 나아가겠다고, 헬레네 왕비의 이름을 걸고 맹세합니다."

테미스토클레스가 고개를 끄덕였어. 그러고는 자신의 손을 내 손 위에 올리며 미소 지었지.

"저도 맹세합니다. 알겠지요, 고르고 양. 제가 말했잖아요. 언제나 희망은 있다고."

─┤ 제 2 부 ├─

페르시아 전쟁

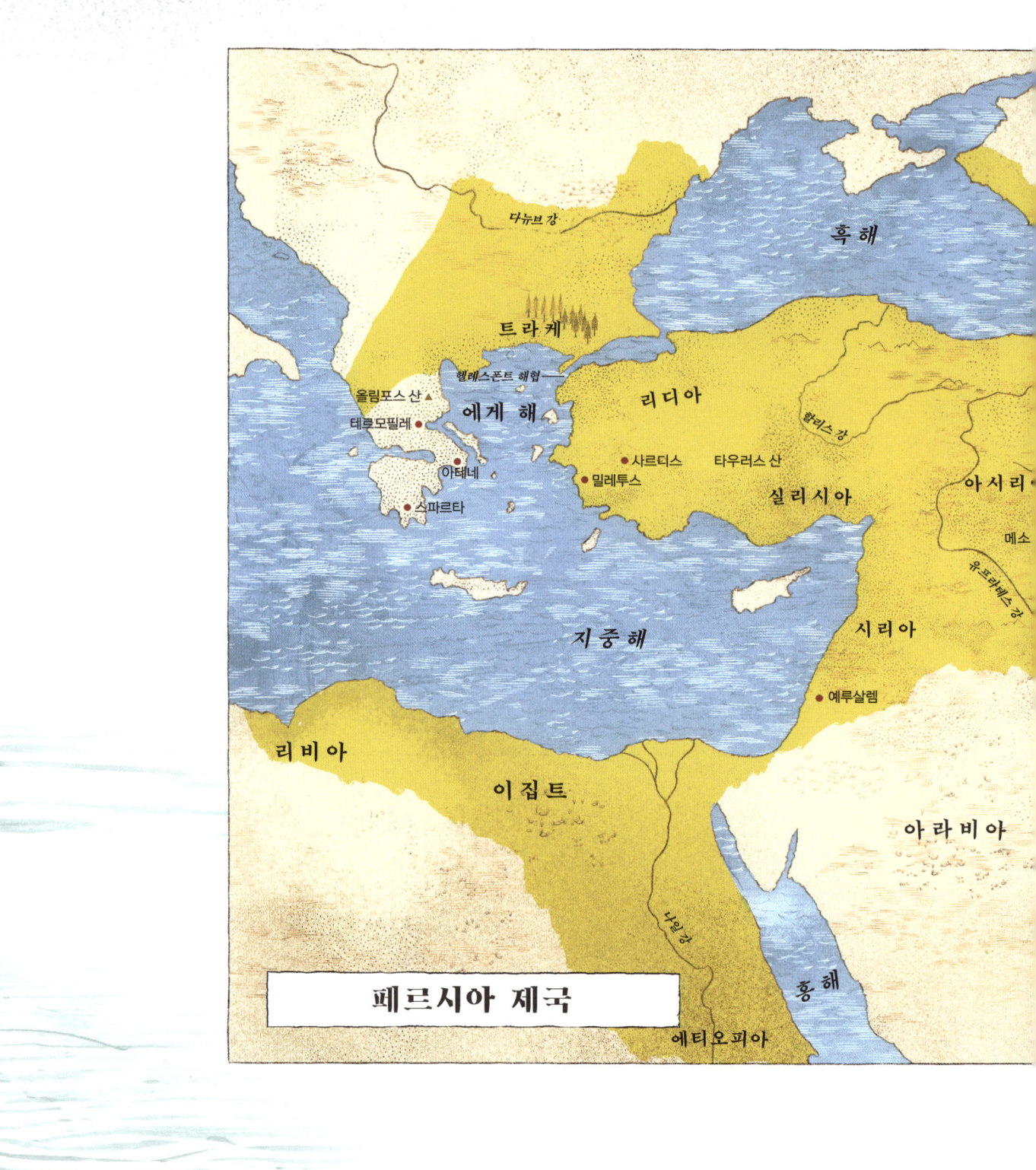

11장

"아테네인들을 기억하라"

그 사람을 만나기 전부터 이오니아인들에 대해서는 많이 들었어. 그는 우리집으로 향하는 아버지 뒤를 따라갔지.

"제 말을 믿어 주십시오, 클레오메네스 전하. 페르시아가 얼마나 부강한지 모르십니다. 페르시아와 전쟁을 벌인다면 상상 이상으로 어마어마한 부를 쥐게 될 것입니다. 그리고 그들은 온순합니다. 아주 온순하다고요! 믿을 수 있으실지 모르겠지만, 페르시아인들은 바지를 입는답니다!"

여기서 나는 문제가 생겼다는 것을 알게 되었어. 헬레네의 무덤가에서 테미스토클레스와 이야기를 나눈 지 6년이 지났지. 그때 페르시아인이 누구인지 많이 배웠어. 이제 엄마가 왜 그토록 절실하게 페르시아인들이 오고 있다고 경고했는지 완전히 이해했어. 지식을 넓힐 수 있는 기회라면 놓치지 않고 모두 잡았고, 테미스토클레스와도 계속 연락을 주고받았지. 에게 해에서 넘어와 스파르타를 지나갈 법한 여행자에게 쉴 새 없이 질문을 퍼부었어. 특히 이오니아에서 온 사람들에게 많이 물었지. 때로 아버지는 그런 나를 보고 웃음을 터뜨리며 우렁찬 목소리로 물었지.

"오늘은 또 무슨 소식을 물고 왔느냐, 첩자 아가씨?"

마음이 놓이면서도 당황스럽게도, 별다른 소식이 없었어. 안도했다면 페르시아인들이 오지 않았다는 것이고, 당황스럽다는 것은 아버지와 그 밖의 모든 스파르타인들은 페르시아인들이 결코 오지 않으리라 여긴다는 뜻이지.

그런데 이오니아인들이 우리 도시에 왔어. 매서운 추위가 몰아치는 한겨울, 그 누구도 바다를 건널 엄두를 낼 수 없던 때였지. 하지만 아리스토고라스는 넘어왔어. 그에 대한 평판은 익히 들어서 알고 있었단다. 이오니아에서 가장 강력한 도시인 밀레투스에서 가장 힘센 인물이었대. 지금까지 몇 개월 동안, 그가 페르시아 왕을 상대로 반란을 일으킬 계략을 꾸미고 있다는 보고를 받았어. 이오니아의 다른 모든 도시는 이 반역에 동참하기로 했고.

늦가을에 아리스토고라스는 행동을 개시했어. 밀레투스 바로 북쪽에 항구가 있었지. 이곳에 페르시아 함선이 겨울이 끝나기를 기다리며 정박해 있었어. 아리스토고라스는 어둠을 틈타 그곳으로 이동했어. 그는 함선에서 일하고 있던 이오니아인들을 설득하여 자기편으로 끌어들였지. 그 사이에 페르시아의 제독을 겨우 제압했어. 그 다음 함선을 통째로 훔쳐서 밀레투스까지 무사히 끌고 왔지. 눈부신 과업을 이룬 거야.

하지만 이것으로 페르시아의 지배에서 영원히 벗어날 수 있었을까? 아리스토고라스가 한겨울에 바다로 향했다는 말은 그렇게 생각하지 않았다는 것을 뜻해. 비록 그리스인들 대부분은 그렇게 생각하지 않았지만, 그는 페르시아가 얼마나 무시무시한 적인지 잘 알고 있었어. 아리스토고라스는 자기편에 선 이오니아인들에게 자유를 보장할 수 없을까 봐 몹시 두려워했지. 그래서 도움이 필요했고, 스파르타까지 오게 된 거야.

아리스토고라스는 아버지와 함께 우리집으로 오는 내내 이야기하느라 바빴어. 그의 체격은 호리호리했고, 팔에는 놋쇠로 만든 평판이 달려 있었어. 그는 나를 무섭게 노려보았어. 나는 방에서 나가야 하나 고민에 빠졌지. 뭐가 되었든 나는 어린 여자아이일 뿐이고, 그는 내가 함께 있는 모습이 별로 마음에 들지 않은 눈치였거든.

아리스토고라스는 나를 다시 매섭게 보고는, 놋쇠 평판을 탁자 위에 올려놓았지. 손으로 평판을 가리키며 아버지에게 물었어.

"이것 보셨습니까? 지도입니다. 페르시아가 지배하는 모든 나라가 그려져 있지요. 각 나라들이 스파르타보다 열 배, 백 배, 천 배는 더 부유합니다. 그리고 여기가 수사인데, 페르시아 대왕의 왕궁이 있는 곳입니다. 수사는 세상에서 가장 부유한 도시랍니다. 대왕을 무너뜨리기만 하면 여기에 있는 모든 보물은 모두 폐하의 것이 됩니다!"

나는 지도를 유심히 바라보았어. 어렸을 때 람피토가 흙 위에 지도를 그려 주었던 때 말고는, 지도를 본 것은 이번이 처음이었지. 정말이지 신기했어. 놋쇠 위에는 테미스토클레스가 6년 전 내게 알려 주었던 그림이 자세히 나와 있었어. 그 방대한 세계에 내 눈은 휘둥그레졌지.

"수사까지 가는 데 얼마나 걸려요?"

내가 물었어.

"세 달."

아리스토고라스가 못마땅한 말투로 대답했어.

"세 달이라고?"

아버지가 믿을 수 없다는 듯 손님을 쳐다보았어.

"농담하는 겐가?"

아리스토고라스는 스파르타인들이 여행을 별로 좋아하지 않는다는 사실과, 스파르타인이라면 누구든 심지어 아버지까지도 그렇게 장거리 여행을 갈 생각이 없다는 사실을 뒤늦게 깨닫고 침을 꿀꺽 삼켰어. 그는 갑자기 뇌물을 주려 했고 금액은 점점 더 올라갔어. 아버지는 아리스토고라스에게 이곳을 떠나라고 말했지. 그러자 그는 지도를 가리키며 페르시아 대왕이 다스리는 나라들을 다시 한 번 줄줄이 읊기 시작했어. 이들이 얼마나 부유한지 강조했고, 스파르타가 이오니아인들의 반란에 가담하기만 한다면 이들이 모두 아버지의 편이 될 수 있다고도 말했어.

나는 아버지가 쉽사리 결정하지 못한다는 것을 알아차렸어. 돈 때문이 아니라, 영원한 영광을 잡을 수 있는 기회이기 때문이었지. 아버지는 어떤 식으로 마음이 움직이는지 잘 알아. 아시아를 정복하는 것! 세상 끝까지 닿는 것! 하지만 정신 나간 짓이었어. 페르시아 대왕을 공격하는 일은 스스로 목숨을 끊는 것과 다름없었지. 그래서 나도 아버지에게 그렇게 말했어.

"조심하세요. 이 사람은 아버지를 망칠지도 몰라요."

그 순간 아버지는 부끄러운 얼굴을 하더니 화를 버럭 냈지. 아버지는 부끄러움을 느끼기 싫어하기 때문이야.

"스파르타에서 당장 나가게."

아버지가 아리스토고라스에게 명령했어.

"해 지기 전까지 나가지 않으면, 죽여 버리겠다."

아리스토고라스는 떠났지만 밀레투스로 가지 않았지. 그 대신 아테네로 배를 몰았어. 이 점에 대해서는 크게 걱정하지 않았지. 내가 아버지에게 페르시아를 공격하지 않도록 설득했듯이, 테미스토클레스도 아테네인들을 똑같이 설득할 테니까. 하여간 나는 그렇게 생각했어.

하지만 아테네에서 온 편지를 보니, 이보다 더 나쁜 소식이 없더군.

"그 이오니아인이 내 동료 시민들을 바보 취급했소."

테미스토클레스가 그렇게 썼어.

나는 아버지에게 알렸지.

"아리스토고라스가 아버지에게 썼던 수법을 아테네인들에게도 똑같이 썼대요. 페르시아인들이 얼마나 온순하고 부유한지 아느냐면서요. 모두 바지를 입고 다닌다고요. 그런데 아테네에서는 또 다른 주장도 펼쳤대요. 아버지가 아크로폴리스에서 추방한 전 독재자 히피아스 말인데요, 페르시아인들과 함께 피신했나 봐요. 지금은 사르디스에서 총독의 손님으로 있는데, 총독이 아테네에 전갈을 보내어 히피아스를 도로 데려가라고 했대요. 그래서 아리스토그라스가 아테네에 도착해 의회에 말을 꺼내기도 전에, 모두 싸우고 싶어 안달이 났다더군요."

"그렇다면 아테네인들은 반란에 가담한다는 거냐?"

아버지가 묻자 나는 고개를 끄덕였지.

"함대를 스무 척 보낸대요."

아버지는 고개를 절레절레 흔들었어.

"최악의 경우가 염려되는군. 민선 장관들에게 알려야겠다."

아버지는 욕을 퍼붓고는 내 머리를 헝클어트렸어.

"어린 여자아이 하나보다 남자 3만 명을 바보로 만드는 일이 더 쉽다니."

아버지 말이 옳았어. 그해 봄, 아테네 함대가 이오니아로 항해하던 모습은 먼 옛날 파리스 왕자가 헬레네 왕비를 데리고 트로이로 달아나던 때만큼이나 운명적인 장면이었지. 사악한 악마가 그리스와 페르시아의 배에 모두 따라갈 운명이었어. 유럽과 아시아에서 엄청난 비극이 이제 시작된 거야.

처음에는 작전이 잘 굴러가는 것처럼 보였어. 이오니아인들은 리디아의 수도인 사르디스로 행군했지. 아테네인들도 함께했어. 이들은 주요 도로 대신 산길을 따라갔고, 페르시아인들을 기습 공격했지. 리디아의 관리는 간신히 포로 신세를 면하고 성채 안으로 피난을 가야 했어. 그 사이에 도시의 남은 곳은 모두 무너져 내렸어. 반란을 일으킨 이오니아 군대가 맛본 첫 번째 피였지.

우리가 스파르타에서 이 소식을 접했을 때에도 믿기지가 않았어. 그런 일은 더 나쁜 쪽으로 바뀌리라 확신했지. 결국 사실로 드러났어. 이오니아에서는 점점 어두운 소식만 들려 왔어. 페르시아인들은 협상을 거부했다고 했어. 오히려 저항했지. 그러자 이오니아인들은 일부러 도시에 불을 질렀어. 불꽃은 퍼지고 또 퍼졌지.

수많은 신전들이 연기 속에 사라지고 말았어. 그중에서는 리디아에서 가장 유명한 신전으로, 제우스의 어머니를 기리기 위해 지은 것도 있었다고 해. 이오니아인들은 제우스가 몹시 화를 내지 않을까 두려워하여 후퇴하기로 했지. 그들은 가능한 빨리 에게 해로 돌아갔어. 바다로 가는 동안, 하늘이 점점 어두워졌지. 저 멀리 올림포스에서 천둥이 요란한 소리를 내기 시작했어.

그런데 이오니아인들이 해안가 가까이 막 다다를 무렵, 이제는 이들이 놀랄 차례가 되었어. 도망쳤던 페르시아의 관리는 재빨리 메디아의 기마 부대를 소집했지. 그 누구도 그들에게 대항할 수 없었고, 페르시아인들은 압도적인 승리를 거두었단다. 수많은 그리스인들이 전쟁터에서 쓰러져 갔어. 전쟁에서 살아남은 사람들은 고향으로 돌아가기로 결정했지. 그 가운데에서는 아테네인들도 있었어.

아리스토고라스는 당연히 그들에게 가지 말아 달라 애원했지. 무릎까지 꿇었어. 하지만 아테네인들은 딱 잘라 거절했어. 이미 충분히 보았으니까. 그제야 자신들의 실수를 깨달은 거야. 그래서 배를 타고 아테네로 돌아갔지.

이 소식을 들은 민선 장관들은 즉시 나를 대회의실로 불렀어. 이제 내가 페르시아인들을

두고 하는 이야기를 그냥 웃어넘기지 않았지. 그저 심각한 대화 소리와 혼란스러운 표정뿐이었어.

"말해 보시오, 고르고 양."

최고위 장관이 강하게 물었어.

"저 야만인들이 이제 무엇을 할 거라 생각하시오?"

나는 6년 전 테미스토클레스가 내게 했던 말을 모조리 떠올렸지.

"끔찍한 복수요."

내가 대답했어.

"우선 이오니아인들에게요. 그 다음은 아테네인. 그리고 아마 그리스 전체를 집어삼키려 할 거예요. 암울한 시대가 오고 있어요. 너무도 암울한…. 아테네인들은 분쟁의 씨앗을 뿌리고 말았어요. 그 대가는 우리 모두가 치를 테고요."

그 말은 사실로 드러났어. 몇 년 후, 여행을 하면서 페르시아 대왕인 다리우스의 반응을 정확히 알게 되었지. 그는 이오니아인들이 자신을 상대로 반란을 일으켰는데도 크게 개의치 않아 보였어. 하지만 아테네인들은 꽤 궁금해 했지. 아테네인들이 누구인지 정보를 듣자, 대왕은 활을 달라고 했어. 그러더니 화살을 끼운 뒤 공중으로 날렸지.

"제우스 신께 간청하오니…."

그가 큰 소리로 외쳤어.

"아테네인들을 처벌하도록 허락해 주십시오!"

그런 다음, 신하를 불렀지.

"내가 식사를 받을 때마다, 내 뒤에서 똑같은 말을 연속해서 세 번 속삭이도록. '폐하, 아테네인들을 잊지 마소서!'"

하지만 첫 번째 대상은 이오니아인들이었어. 페르시아의 조선소에서는 3년 동안 톱질과 망치질 소리가 울려 퍼졌지. 그러자 완전히 새로운 함대가 하나 뚝딱 만들어졌어. 그 사이에 이오니아인들의 상황은 점점 더 나쁜 쪽으로 치달았지.

이오니아인들에게 반란을 일으키자고 설득했던 아리스토고라스는 나름대로 최선을 다했어. 하지만 에게 해 북쪽으로 쭉 뻗은 삼림 지대인 트라케에서 목재를 구하려다가, 적개심을 품은 그곳 사람에게 칼로 공격을 받았지. 지도자를 뺏긴 이오니아인들은 어찌할 바를 모르고 머뭇거렸어. 그러다 서로 다투기에 이르렀어.

그동안 페르시아는 점점 포위망을 좁혀 오고 있었지. 아주 천천히 목을 졸라 죽이는 모양새였어. 이제 나도 다 컸기 때문에, 패배가 얼마나 끔찍한 결과를 불러

오는지 어릴 때보다 더 확실히 이해할 수 있었어.

　처음에 이오니아인들이 기세등등하게 반역을 일으키고 4년 동안 그리고 그들이 사르디스의 신전을 불태우고 3년 반 후, 페르시아는 마침내 상대의 숨통을 끊을 준비를 완전히 마쳤지. 페르시아의 함대는 밀레투스를 향해 내려갔어. 그곳에서 이오니아의 함선을 들이받았지. 방어선이 무너져 내리고, 이오니아의 배는 도망가거나 가라앉고 말았어. 곧이어 밀레투스는 함락되었단다.

　페르시아인들은 도시에 그 어떤 자비도 베풀지 않았어. 왕 중의 왕에게 반역을 일으킨 대가로, 밀레투스 시민들은 무시무시한 경고의 본보기가 되어야 했어. 그래서 남자들은 모두 학살되고, 여자들과 아이들은 노예로 끌려 갔어. 이오니아에서 가장 부유한 도시의 보물은 수레에 담기고 페르시아로 실려 갔단다. 페르시아의 완벽한 승리였어. 반역은 끝났고, 마침내 이오니아는 무릎 꿇고 말았지.

　하지만 나는 이렇게 끝나지 않으리라는 것을 알고 있었어. 페르시아인들은 다음에 어떻게 할까? 그 대답을 찾기까지는 그다지 오래 걸리지 않았지.

12장

죄와 벌

　페르시아의 사신이 스파르타에 와도 아무도 놀라지 않았어. 그리스를 순방하고 있다는 것을 알고 있었거든. 가는 곳마다 그들은 흙과 물을 요구했어. 왕 중의 왕인 페르시아 다리우스에게 바치는 상징과도 같았지. 그리스인 대부분은 머리를 조아리며 복종했고, 어떤 이들은 거부했어. 어떤 도시는 더한 반응을 보였어. 아테네에서는 다리우스 왕의 사신이 체포되어 재판에 넘겨졌지. 의회는 유죄를 선고했어. 그 페르시아인을 사형에 처한 거야.
　내가 람피토에게 아테네에서 일어났던 일을 말하자 무척이나 화를 냈어.
　"사신을 죽이다니, 충격적인 범죄예요. 인간과 신 모두에게 공격하는 거라고요."
　내 늙은 유모, 람피토는 페르시아를 잘 몰랐지만, 그 누구보다도 신들의 방식을 잘 이해하고 있었어. 하지만 아버지에게 이 이야기를 하자 코웃음을 쳤지.
　"우리 도시가 늙은 여자의 지배를 받지 않아 다행이군."

나는 아버지가 아테네의 판결에 찬성한다는 것을 깨달았어. 며칠 뒤에 다리우스 대왕의 사신이 스파르타에 도착했을 때 아버지가 그들을 받아들일지 궁금하더군.

그날 저녁, 아버지는 회의를 소집했고 데마라토스가 왔지. 물론 민선 장관들과 이복 삼촌 레오니다스도 왔어. 나도 내 자리에 앉아 서로 경쟁 관계에 있는 왕들이 어떤 의견을 내놓는지 들었지.

10년 전 내가 대회의실에 처음 들어선 이후, 아버지와 데마라토스가 그렇게 극심하게 사이가 틀어지는 모습을 본 적이 없었어. 어떤 면에서는 놀랍지 않았어. 아버지는 자기 일을 방해하는 것이라면 무엇이든 그냥 두지 않고, 언제든지 싹쓸이 할 수 있다는 사실을 잘 알고 있었으니까. 물론 소리를 지르는 방식은 스파르타와 맞지 않아. 우리는 침묵은 금이라고 배워 왔으니까. 어쩔 수 없이 말을 해야 하는 상황이라면 가능한 가장 간단하게 말해.

하지만 그날 저녁, 아버지와 데마라토스는 논쟁을 멈출 줄 몰랐어. 차라리 아테네인이라고 하는 편이 맞는 수도.

"당연히 페르시아 사신들이 원하는 대로 해야지요."

데마라토스는 아버지를 향해 손가락을 날리며 말했어.

"대왕의 마음을 다른 방향으로 돌릴 길이 없소. 지금까지 이런 일이 일어나리라고 경고한 사람이 바로 당신 딸 아니오? 다리우스 왕은 아시아 전체를 쥐락펴락 하는 사람이오. 박수만 쳐도 수백만 명이 그에게 복종하며 모인다는 말이오. 그렇다면 그에게 흙과 물을 줘야지. 그게 뭐 대단하다

고? 그냥 상징물일 뿐인데. 무엇보다도 중요한 것은 페르시아가 그리스로 오지 못하게 막는 일이오."

아버지도 그에 못지않게 열변을 토했어. 아버지는 내가 항복하자는 뜻으로 말했을지 모르는 그 어떤 제안에도, 딱 정반대로 나를 옹호했어.

"고르고는 무기를 내려놓지 말고 앞으로 쳐들어올 야만인 왕에 맞서 갈고닦고, 준비하자고 설득했소. 나는 내 딸이 자랑스러워. 고르고는 무릇 스파르타인이라면 어떻게 해야 하는지 데마라토스 자네보다 아는 게 많아."

화가 난 데마라토스는 요란한 소리를 내며 일어났어. 하지만 아버지는 말을 멈추지 않았지. 아버지는 영광과 용기에 대해 한바탕 연설을 했어. 그러고 나서 주위에 우리를 싫어하는 사람들이 얼마나 많은지 말했지. 우리가 노예로 두고 있는 사람들, 우리의 지배를 받아들이도록 강요한 펠로폰네소스 반도의 사람들, 우리의 위대함을 질투하고 속이 뒤틀린 아르고스 사람들….

"우리는 약점을 단 한 톨도 보일 수 없다."

확실히 아버지의 말이 옳았어. 아버지가 회의실을 압도하고 있다는 게 느껴졌지. 데마라토스가 넌더리를 내며 회의실 밖으로 나간 이상, 이 싸움은 아버지의 승리였어. 물론 민선 장관들도 아버지의 제안을 받아들였지.

다리우스 왕의 사신들은 다음 날 아침 처형되었어. 우물 속으로 모두 빠뜨려 버렸지.

"거기에서 네 흙과 물을 찾아라."

아버지가 사신들에게 말했어.

이런 아버지의 결정에 아무도 반대하지 않았단다. 실제로, 그 누구도, 심지어 람피토마저도, 불안에 벌벌 떨며 감히 배신할 생각은 하지 못했지. 스파르타가 으레 하던 방식은 아니었을 거야. 결정은 내려졌고 아무도 토를 달지 않았어. 하지만 긴장은 온몸으로 느낄 수 있었어. 모두 페르시아인들을 처형한다는 것이 어떤 의미인지 알고 있었지. 대왕이 우리가 한 짓을 알게 되면, 우리는 아테네인들이 이미 당했던 것처럼 분노의 대상이 되겠지. 무시무시한 폭풍이 불어닥치기까지는 이제 시간 문제였어.

"그리고 이것이 우리가 반드시 대비해야 하는 이유다."

아버지는 이복동생인 레오니다스 삼촌에게 말했어. 삼촌은 아버지가 스파르타의 그 누구보다도 가장 신뢰하는 사람이었지.

"우리 모두 같은 목적이어야 해. 야만인들이 오면, 흔들림 없이 방어 태세로 맞서야 하네."

"왜 안 되겠습니까? 흔들리지만 않으면 절대 항복하지 않습니다. 스파르타는 언제나 그래 왔듯이 말입니다."

그러자 아버지가 으르렁댔어.
"데마라토스가 왕좌에 있는 한 아닐지도 모르지."
"하지만 그는 왕이잖아요."
"그래서 뭐?"
"폐하께서는 그를 제거하지 못합니다."
아버지가 어깨를 으쓱했어.
"절박한 상황에서는 절박한 조치를 해야 해."
 그 뒤로 더는 말하지 않았어. 레오니다스 삼촌이 반복해서 강조해도 말이야.
 하지만 나는 곧 아버지의 계획이 무엇이든, 스스로를 치명적인 위험에 빠뜨리라는 것을 깨닫게 되었지. 아버지가 내게 무언가를 요구했는데, 처음에는 제대로 들었는지 의심이 될 정도로 너무나 충격적이었거든.
"너는 네 삼촌과 결혼해야 한다."
"삼촌이요?"
"내가 굳이 다시 말해야 하느냐?"
"왜요?"
 나는 고개를 흔들었어. 레오니다스 삼촌은 용감하고 훌륭해. 그리고 언제나 내게 친절하지. 하지만….
"왜 삼촌하고요?"
 아버지는 내 팔을 붙잡고 눈을 지그시 바라보았어.
"우리는 모두 희생해야만 한다, 고르고. 나는 여기서 더 오래 왕의 자리에 있지 못할 수도 있어. 너는 내 유일한 자식이다. 하지만 스스로 왕좌에 오르지는 못해. 너는 여성이고, 스파르타의 여성은 왕이 될 수 없으니까. 하지만 레오니다스와 결혼하면, 네가 왕좌에 앉은 것처럼 스파르타인들을 이끌 수 있다. 그 이유로 레오니다스가 내 뒤를 이어 왕이 될 거야. 너는 스파르타에서 그 누구보다도 우리에게 위협이 되는 것이 무엇인지 잘 알고 있다, 고르고. 그러니 레오니다스는 네가 필요해. 백성들을 위해 내가 하라는 대로 해라. 네 스스로를 위해서가 아니라면, 나를 위해서 그렇게 해."

"아니, 아버지는 어디로 가시는데요? 아버지 계획은 뭐예요?"

아버지는 고개를 흔들고는 자기 손가락을 내 입술에 가져다 댔어. 그래서 더 이상 캐묻지는 않았지.

몇 달 후, 나는 레오니다스 삼촌과 결혼했어. 삼촌은 좋은 사람이고 용감했기에, 어느덧 그를 진심으로 사랑하게 되었지. 물론 그러한 남편과 결혼하니 아무런 시련을 겪지 않았고 말이야. 시련이 있었다고 해도, 삼촌과 결혼했을 거야. 그게 스파르타와 아버지를 위한, 내 의무라는 것을 잘 알고 있으니까. 그래도 아버지의 의도가 무엇인지 알 길이 없었어. 내가 아는 것이라고는 아버지의 마음속에 어떤 계획이 있고, 그 끝이 아버지에게는 그다지 좋지 않으리라는 거야.

결혼식을 올리고 몇 주 후, 델포이에서 충격적인 소식이 들려왔어. 아버지가 아폴론에 무녀를 보내 폭탄 같은 질문을 던졌어.

"데마라토스가 정말로 헤라클레스의 자손입니까, 아니면 스파르타의 마땅한 왕이라고 거짓 주장을 하는 것입니까?"

그러자 대답이 돌아왔어. 자신이 스파르타의 왕이 당연하다고 말하는 데마라토스의 주장이 거짓이라는 거야.

스파르타인들은 충격에 빠져 우왕좌왕했지. 사람들은 아버지에게 델포이에 다시 무녀를 보내라고 요구했어. 신이 말한 바가 사실인지 다시 확인하려고 말이야. 하지만 같은 답이 돌아왔어. 데마라토스는 거짓말쟁이다.

물론 데마라토스는 격렬하게 저항했어. 그는 그 자리에서 신탁을 거부했지. 속이 훤히 들여다보이는 속임수라면서, 그는 아버지가 거짓말쟁이라고 주장했어. 데마라토스가 이렇게 말했을 때, 나는 순간 아버지의 말이 틀렸을지 모른다는 생각이 들었어. 아버지는 오랫동안 데마라토스를 내쫓고 싶어 했으니까. 하지만 불가능하다는 것도 알고 있었어. 아버지는 아폴론이 가장 좋아하는 왕이니까. 자기 입으로 거짓말하여 신을 모욕할 위험을 감수한다니, 말도 안 되는 일이었어. 신탁은 진짜였어. 다시 말해 데마라토스를 그 자리에서 끌어내리는 방도 말고는 없었다는 뜻이지.

그래서 데마라토스는 왕좌에서 물러났어. 그의 자리는 사촌 중 하나가 대신 앉았어. 그 일이 있고 나서 잠시 동안 데마라토스는 평민으로 살고자 했어. 하지만 그럴 수 없었지. 그를 반대하는 사람들에게 끊임없이 조롱당했거든. 그 수치심은 도저히 참을 수 없었어.

어느 날 저녁, 데마라토스가 하루 종일 모욕을 듣고 나서 나에게 찾아왔어. 나는 깜짝 놀랐지. 그에게 무엇을 원하는지 물어보았어.

"네가 이것만은 알기를 바란다. 내가 한 모든 일은 스파르타를 위한 것이었다고."

"이 이야기를 왜 저에게 하세요? 다른 사람들도 많은데 왜 저에게요?"

"이봐, 정말로 모르겠느냐?"

나는 어리둥절한 눈빛으로 그를 바라보았지.

"나는 추방될 거다. 하지만 올해 스파르타에서 물러날 왕이 나밖에 없는지는 의심스러워. 확신하건대 네 아버지가 아폴론을 화나게 해, 나에 대해 한 거짓말로 벌을 받으면 레오니다스가 그 뒤를 이을 것이다. 고르고 양, 네가 왕비가 된다는 뜻이야. 그러니 이것만은 기억하기를 바라. 나는 절대 스파르타를 배신하지 않을 거라고. 스파르타를 위해 무엇이든 최선을 다 하리라고. 레오니다스는 이 말을 이해하지 못하겠지. 하지만 고르고 양, 너는 이해할 거다."

그렇게 데마라토스는 망토를 추스르고 자리를 떠났어.

다음 날, 그가 스파르타에서 도망쳤다는 소식을 들었지. 얼마 지나지 않아 그가 페르시아인들과 피난을 떠났다는 보고를 받았어. 그가 저지른 배반은 충격적이면서도 속이 뻔히 보였지. 그럼에도 그가 내게 했던 말을 곰곰이 생각해 보았어. 내게 정말로 사실을 털어놓을 수 있었을까? 거짓말한 사람은 아버지라고? 그렇다면 아폴론을 빙자하여 거짓말하는 신성 모독을 저질렀다고?

퍼뜩, 너무나 무시무시한 대답이 돌아왔어. 아버지가 미치고 만 거야. 아버지는 늑대처럼 뛰어 아르카디아 산속으로 들어갔어. 아르카디아인들이 무시무시한 의식을 치르고 해마다 제우스를 기리고자 인간의 살을 마음껏 먹는 그곳에서, 아버지는 자기를 따를 사람들을 모았지. 그러고 나서 이들은 스파르타의 들판과 수풀을 따라 내려왔어. 누군가는 아버지와 함께하는 사람들이 무기를 갖추고 싸웠다더군. 창과 방패를 가지고 다니면서 말이야. 어떤 이들은 늑대 무리 말고는 본 적이 없다고 해. 그중에서도 우두머리는 괴물처럼 커다란 짐승이었고, 크기만큼이나 교활하고 사나우며 털이 희끗희끗하다고 했어.

아버지를 미쳐 버리게 한 주인공이 아폴론이라는 사실은 의심할 필요가 없었어. 그해 가을, 비밀경찰은 노예를 잡으러 가지 않았어. 그 대신 아르카디아 산으로 가라는 명령을 받았지. 이들이 해야 할 일은 아버지 클레오메네스를 쫓아 다시 스파르타로 데리고 오는 것이었어.

스파르타의 가장 위대한 왕을, 그들을 그토록 오랫동안 잘 다스렸던 그 왕을 그리고 내 사랑하는 아버지를 사냥하는 일은 오래 걸리고도 힘들었어. 많은 이들이 야생에서 목숨을 잃었어. 어떤 이들은 도중에 쓰러지고 말았지. 마침내 비밀경찰 단 한 사람만이 남았어. 아리스토데무스는 젊은 남자로, 스파르타 기준으로 보아도 강인하고 겁이 없었어. 그의 일생에서 그보다 더 빨리 뛰고, 더 멀리 창을 던지고, 완전하게 침묵을 지키며 채찍질을 견딜 수 있는

자는 없었지. 이제 막 군대에서 나온 그는 추격전을 마음껏 즐겼어. 그보다 더 무시무시하고 교활한 사냥감을 쫓은 적이 없기 때문이야. 리쿠르고스의 시대 이후 자신이 비밀경찰의 일원이라는 특권을 그토록 절실히 느낀 적이 없었지. 늑대의 모습을 한 사냥감을 쫓아가다니 말이야.

아리스토데무스는 자신이 아버지를 꼭 잡을 것이라 생각했어. 나중에 내게는 이렇게 말했지. 아버지는 비록 교활하고 강력하지만 예전의 그 사람이 아니었다고. 그렇다고 예전의 늑대의 모습을 했을 때와도 같지 않았대. 여전히 네 발로 뛰어다니며 비밀경찰 대부분을 앞질러 나갔지만, 아리스토데무스는 아니었어. 그 젊은 스파르타인은 아버지처럼 불타오르는 노란 눈과 뾰족한 이빨을 하고, 뜨거운 숨을 들이마시고 또 마셨어. 이 둘은 산꼭대기를 가로지르며 달렸지.

아리스토데무스가 아버지를 채석장으로 몰아넣으려는데, 그 순간 옆을 흘깃 보니 달빛 같았지만 달빛이 전혀 아닌 무언가가 밝게 빛났어. 그곳에는 짧은 머리를 한 여자가 한 손에 활을 들고 있었지. 아리스토데무스는 그 여자가 누구인지 바로 알아챘어. 자신이 며칠 동안이

　나 쫓아다닌 그 야수에게 뛰어들어 이제 꼼짝 못하게 하는 사이, 늑대 모습을 한 아버지 클레오메네스는 별을 향해 울부짖으며 마구 몸을 비틀고는 다시 원래 인간의 모습으로 돌아왔지. 그러자 아리스토데무스의 눈에 아르테미스의 모습이 저절로 들어왔어. 아버지 클레오메네스의 뒤로, 아르테미스뿐만 아니라 요정도 함께 떼로 있었지 뭐야. 아리스토데무스는 그 아름다움에 헉 소리밖에 낼 수 없었지.

　그가 아버지를 잡아서 묶은 뒤 이제 다시 스파르타로 끌고 갈 무렵, 아르테미스는 이미 사라지고 없었어. 아르테미스의 요정도 함께 사라졌지. 하나만 빼고 말이야. 아리스토데무스는 과감하게 요정의 얼굴을 제대로 보려고 했어. 요정은 지금까지 보았던 그 어떤 여자보다도 아름다웠지. 그는 차마 오랫동안 눈을 맞출 수가 없었어. 그래서 고개를 돌리고는 아버지를 데리고 산 아래로 내려가기 시작했지. 딱 한 번 더 고개를 뒤로 돌리고 흘끗 보았어. 요정은 여전히 그를 바라보고 있었지. 아리스토데무스는 계속 길을 갔단다.

　아버지는 두 번 다시 원래대로 정신을 차릴 수 없었어. 신이 상처를 받고 불쾌해지면 인정사정없이 잔인해진단다. 아버지는 으르렁대며 마구 물고 할퀴었어. 결국 자신과 다른 모든 이들의 안전을 위해, 레오니다스 삼촌은 아버지를 사육실에 가두라고 명령했지. 경비원은 앉으라는 지시를 받고 아버지가 침을 흘리고 신음하는 모습을 지켜보았어. 하지만 아버지는 칼을 붙잡더니 자신의 다리와 배를 마구 베기 시작했어.

경비원이 서둘러 레오니다스 삼촌을 데려왔지만, 너무 늦고 말았어. 만신창이가 된 아버지의 몸은 자신의 피로 고인 웅덩이에 쓰러진 채 발견되었지. 아버지의 영혼은 이미 하데스에게 날아가 버렸어. 분노한 아폴론 신이 결국 스파르타의 가장 위대한 왕을 처벌한 거야.

나는 람피토에게 푹 안겨 흐느껴 울었어. 람피토는 내 어린 시절에 그랬던 것처럼 내게 입맞춤을 해 주고 위로해 주었지. 하지만 나는 슬픔에 젖어 있을 수만은 없었어. 너무나도 많은 일이 일어났어.

스파르타에서만 상황이 빠르게 돌아가는 것이 아니었어. 모든 세상이 너무도 빠르게 바뀌고 있었어. 올림포스 저 높은 곳에서는, 제우스가 우리 도시에서 일어나는 일에 눈을 감고 모른 체하고 있는 것이 아닐까 싶었지. 제우스의 시선은 스파르타가 아닌 이오니아에 꽂혀 있었어. 이오니아 항구는 페르시아 배들로 가득 차 있었어. 항구로 향하는 길은 사람들로 북적였고 말이야.

봄 내내 준비가 계속되었어. 한여름이 되자 함대는 떠날 준비를 마쳤지. 규모가 어마어마했어. 아시아 여기저기에서 온 전사들이 함대에 꽉꽉 들어찼어. 수백 년 전 트로이로 향하던 규모보다 훨씬 더 컸지. 아테네의 독재자였던 히피아스 역시 페르시아의 함대에 탔어. 그가 우리 아버지에 의해 아크로폴리스에서 추방된 뒤 수많은 세월이 흘렀지. 그런 그가 이제 드디어 고향으로 돌아오는 거야.

히피아스는 페르시아 대왕의 신하로서 앞잡이 노릇을 했어. 페르시아인들이 아테네를 불태우고 사람들을 노예 삼아 끌고 간 다음, 히피아스는 폐허가 된 땅을 물려받기로 했어. 그리고 정복자들에게서 남아도 된다고 허락을 받은 아테네인들을 다스리기로 했지.

아테네 정복을 주도한 사람은 페르시아 대왕의 가장 믿음직스러운 장군인 다티스였어. 페르시아 함대는 에게 해의 물결 위를 항해했지. 아티카로 향하던 중에, 함대는 델로스라는 작은 섬 옆에 잠시 멈추어 섰어. 이곳에서 아주 오래전 아폴론과 아르테미스가 태어났지. 델로스인들은 페르시아 전함이 오는 것을 보고 모두 배를 타고 도망쳤어. 그러자 다티스는 몹시 화내며 델로스인들이 왜 자신을 오해하는지 따져 물었지.

"당신들은 정말로 내가 두 신들이 탄생한 곳에 피해를 입힐 정도로 어리석다고 생각하는가?"

그는 배에서 금보다 더 값비싼 향을 무진장 가져오라고 명령하고는, 아폴론과 아르테미스의 제단 위에 태웠어. 하늘 위로 연기가 피어올랐어. 연기는 올림포스까지 둥실 떠올랐지. 신들은 옥좌에 앉아 향을 들이마셨어. 향기 덕분에 신들은 기분이 무척 좋아졌어. 신전을 불태우고 사신을 죽인 아테네인들과는 달리, 신과 인간 사이의 규율을 별로 존중하지 않았던 그들과는 달리, 페르시아인들은 자신들이 진 빚을 제대로 갚았어.

그렇다면 하늘의 주인이자 전지전능한 제우스가 어떻게 저들의 원정을 외면하지 않을 수 있겠어?

13장

마라톤

스파르타에서 우리는 아폴론을 기리며 축제를 벌이지. 해마다 행사가 있었지만, 그해만큼은 그냥 넘길 수 없었어. 여전히 도시는 아버지가 저지른 죄로 그림자가 드리워 있었으니까. 아폴론이 분노하면 얼마나 끔찍할지 모두 잘 알고 있었어. 그러니 신을 더 자극하지 않기만을 바랐지.

그런데 한 아테네인이 비틀거리며 장터에 들어섰어. 그는 즉시 의회로 불려 갔지. 흙먼지를 뒤집어쓴 데다 땀범벅이었고, 기진맥진한 모습에 말도 제대로 하지 못했어. 마침내 한숨을 돌린 그는 자기 이름이 필리피데스라 말했어. 엄청난 체력을 자랑하는 운동선수였는데, 알고 보니 아테네와 스파르타 사이의 240킬로미터 거리를 단 이틀 만에 달려왔다더군.

"페르시아인들이 상륙했습니다. 아테네에서는 여러분의 도움이 필요합니다."

필리피데스는 다급한 목소리로 무슨 일이 일어났는지 이야기했어. 아버지에 의해 쫓겨났던 늙은 독재자 히피아스가 페르시아에 아테네로 쳐들어가자고 했다면서. 마라톤은 아테네에서 약 40킬로미터 떨어진 곳에 해변으로 둘러싸인 만으로, 그 늙은 독재자에게 행복한 기억을 안겨 준 곳이었지. 히피아스는 어렸을 적 그곳에서 말 타는 법을 배웠다더군.

평지 위 언덕에서 망을 보고 있던 아테네 경비병은 셀 수도 없이 많은 배들이 새까맣게 몰려와 얕은 물가에 정박하거나 해변 위로 끌려오는 모습을 보았지. 그 무시무시한 순간이 드디어 닥쳐 온 거야. 아테네에서 온 필리피데스가 말하길, 도시가 몽땅 엄청난 혼란에 빠졌대. 아테네 시민들 중 무기와 갑옷 그리고 그리스 보병들이 들고 다니던 무겁고 커다란 방패를 가진 이들은 한 명도 빠짐없이 마라톤으로 떠날 준비를 마쳤어. 누구나 눈앞에 역경이 닥쳤다는 사실을 알고 있었지.

치열한 전투가 벌어졌지만, 방패를 들고 있던 그리스 군사들 중 그 누구도 페르시아군을 쓰러뜨리지 못했어. 그래서 의회에서는 많은 연사들이 아테네인들에게 성곽 뒤에 숨어 있으라고 재촉했지. 이때 사람들의 마음을 바꾸어 놓은 이가 있었어. 바로 밀티아데스야. 그는 페르시아에 맞서 싸웠을 뿐만 아니라 페르시아인들에 대해서도 아는 게 많았지. 페르시아인들의 전쟁하는 방식도 잘 알고 있었어.

아테네에서 밀티아데스만큼 경험이 많은 사람이 없었기에 그는 열 명의 장군으로 이루어진 위원회에 뽑혀 전쟁터에서 아테네인들을 이끌었어. 밀티아데스는 도시의 문을 걸어 잠그면 오히려 반역자들이 성문을 열 빌미가 된다고 주장했지. 아테네를 떠난 뒤 도시로 향하는 길을 막는 편이 훨씬 낫다고 했어.

의회는 그 주장을 받아들였어. 페르시아인들과 정면으로 맞서 싸우자는 데 투표했지. 군사 만 명이 방패를 들고 적절한 때에 아테네를 떠나 마라톤으로 향했어. 평야 위 언덕에서 그들은 헤라클레스 신전을 요새로 삼았어. 필리피데스는 덕분에 군사들이 강력한 방어막을 펼칠 수 있었다고 귀띔했어. 하지만 언제까지 막을 수 있을지는 예상할 수 없었대.

"여러분의 도움이 필요합니다."

필리피데스가 우리에게 다급하게 말했어.

"제발 부탁합니다, 저희와 함께해 주십시오!"

물론 그건 불가능했어. 아테네가 얼마나 절박한 상황인지 잘 알고는 있었지만 스파르타도 끔찍한 위험에 빠져 있었으니까.

나는 최대한 친절하게 상황을 설명하려 했어. 우리도 아테네인들을 도와주기를 간절히 바라지만, 축제가 끝나기 전에 자리를 떠서 아폴론을 화나게 할 수는 없다고 말이야.

"여기서 당신이 바라는 대로 한다면, 당신네뿐만 아니라 우리마저 위험을 떠안을 수밖에 없습니다."

아테네인의 얼굴에 실망스러운 표정이 역력했어.

레오니다스는 그의 어깨를 토닥였지.

"일주일만 더 주게. 사흘이면 우리도 마라톤에 닿을 걸세. 다 해 봐야 열흘이야. 그때까지만 기다려 주게. 그때 우리도 자네의 군대에 합류할 것을 맹세하지."

그렇게 말하면서도, 그 누구도 시기가 매우 좋지 않다는 사실을 숨길 수 없었어. 필리피데스는 잔뜩 풀이 죽은 채 아테네로 돌아갔지. 실제로 필리피데스는 완전히 절망하고 말았다고 들었어. 언젠가 테미스토클레스가 내게 이렇게 말한 것을 그대로 여기에 다시 쓰는 거야.

필리피데스는 라코니아를 뒤로하고 아르카디아의 숲속을 달리고 있었던 모양이야. 그런데 놀라운 일과 맞닥뜨렸다더군. 그의 앞을 엄청난 형상이 가로막았어. 무지막지하게 고약한 냄새가 나고 염소의 뿔과 다리를 하고 있었지. 배에는 털이 북슬북슬 나 있고, 눈썹도 엄청나게 두꺼웠어. 갑자기 툭 튀어나온 것 같았지. 필리피데스는 털썩 주저앉았어. 자신 앞에 놓인 존재를 보자마자 누구인지 알아차렸지.

"판이시여!"

필리피데스가 외쳤어.

"위대한 신, 판이시여! 제발 목숨만은 살려 주십시오."

그는 흙에 얼굴을 파묻고 울부짖었지.

"판 주인님이시여!"

걸쭉하게 콧방귀를 뀌는 소리에 필리피데스는 고개를 들었어. 판이 등을 긁고 있었지.

"듣자 하니…."

그제야 신이 입을 열었어.

"아테네인들이 죽을 위험에 처해 있다던데."

필리피데스는 여전히 무릎을 꿇은 채 고개만 끄덕였어.

"제우스께서 자네들이 신전을 불태우고 사신을 죽인 일 등등 때문에 몹시 심기가 불편하시다 들었다. 그 누구도 그대를 도와주지 못하도록 금지령을 내렸다는 이야기도."

"누가…."

필리피데스가 침을 꿀꺽 삼켰어.

"누가 그런 말을 합니까요?"

또다시 걸걸대는 목소리가 들렸어. 판이 두껍게 꼬인 꼬리털을 가다듬으며 다시 등을 긁었지. 필리피데스의 심장이 두방망이질 쳤어. 그는 판이 올림포스 전당을 찾아간 적이 단 한 번도 없는 신이라는 사실을 알고 있었고, 그가 아르카디아의 숲을 떠난 적도, 인간의 일에 관심을 가진 적이 없다는 것도 알고 있었거든. 그런데 갑자기 필리피데스에게 온 거야. 이제 제우스께서 그 누구도 아테네인들을 돕지 못하게 한 이상, 누가 하늘의 주인을 거역하고 분노를 감수할 수 있겠어? 그 주인공은 단 하나밖에 없었어.

필리피데스는 천천히 자기 입술을 핥았어. 목소리를 낮추고는 나긋나긋하게 말했지.

"우리 여신 아테나로군요."

판은 이 말을 들었는지, 아무 대답도 하지 않았어. 다시 걸걸한 소리를 내고는 나무에 대고 등을 문질렀지. 만족스러운 한숨이 흘러나왔어. 또다시 걸걸대는 소리. 그러고 나서 발굽으로 달가닥 소리를 내더니 필리피데스 위에서 어렴풋이 나타났지.

"아테네인들이 사랑과 헌신을 내게 보여 준다면, 그 공로를 잊지 않겠다. 그리고 침입자들에 맞서 홀로 싸우게 내버려 두지 않으마. 마라톤에서 그들과 함께 할 것이다."

그러고 나서 판은 사라졌어. 필리피데스는 눈을 비비며 자신이 들은 말을 곰곰이 생각해 보고는, 아테네군이 진을 친 곳으로 달려갔어. 그가 스파르타에서 전해 온 소식은 물론 실망 어린 반응으로 되돌아왔지. 그가 스파르타에서 돌아온 지 나흘이 지났지만 페르시아인들은 여전히 평원을 가로질러 점점 퍼져 나가고 있었어. 사실 필리피데스가 없는 동안, 플러티어 라 불리는 보이오티아의 작은 도시에서 지원군을 받기는 했어. 아테네군이 보이오티아의 가 장 큰 도시인 테베의 지배 아래에 있던 플러티어인들을 해방시키는 데 도움을 주었거든. 이 제 반대로 아테네인들이 도움을 필요로 하니, 은혜를 갚아 주어야 했어.

한편으로 모든 것이 필리피데스가 떠나기 전과 완전히 똑같았어. 이렇게 답답한 상태가 얼 마나 오래 갈까? 이러한 질문은 아테네의 장군들을 괴롭히고 또 괴롭혔어. 답이 금세 떠오르 지 않았지. 스파르타군이 도착하기까지 여드레 동안 이 상태를 유지할 수 있을까?

밀티아데스는 의심스러웠어. 그는 페르시아 장군인 다티스가 여기저기에 첩자를 심어놓 았다는 것을 알고 있었거든. 다티스는 이미 스파르타군이 온다는 정보를 입수했으니, 머지 않아 움직일 것이었어.

정말로 그 일이 일어났어. 아테네군이 마라톤에서 아테네로 이르는 길에서 주둔한지 일주 일 후, 페르시아군이 기마 부대의 말들을 배로 돌려보내기 시작했어. 이제 끔찍한 위험이 일 어나는 순간이 되었지. 말들을 실은 배가 아테네 뒤쪽에 내리거나, 아테네로 곧장 향하면 어 떻게 하나? 이것은 밀티아데스가 두려워하면서도 바라던 바였어. 다티스가 움직이면 아테 네인들에게 위험이면서도 기회가 찾아오거든. 기마 부대는 페르시아에서 가장 강력한 군사 들이야. 하지만 잠깐이기는 해도 말을 싣고 내리는 동안에는 말을 타지 않아. 아테네 군사로 서는 이 순간이 페르시아 군대를 물리칠 수 있는 기회였지.

그날 저녁, 전략 회의에서 밀티아데스는 동료 장군들에게 다음 날 새벽 페르시아군을 치자 고 했어. 회의 자리에는 장군들이 열 명 있었는데, 대부분 밀티아데스의 말을 듣고 몸서리를 쳤지. 군사 수도 압도적으로 적은데, 탁 트인 땅을 가로질러 쳐들어오는 침략자들을 습격하 자고? 그리스인들이 페르시아군을 쓰러뜨린 적이 역사상 단 한 번도 없는데도? 아무리 생각 해도 미친 짓이었어. 그런데도 일부는 그의 말에 설득되며 그 과감한 계획을 마음에 들어 했 어. 장군들은 잔뜩 흥이 오르고 밀티아데스를 지지하기에 이르렀지.

그중에서도 유독 한 명이 회의 분위기를 주도했어. 테미스토클레스는 딱 그해에만 장군 위 원회로 뽑혔지. 그는 이미 경험 많고 노련한 지도자로, 투표에서 이기는 데 남다른 능력을 발 휘했지. 그는 적을 만들기를 두려워하는 법이 결코 없었는데, 특히 부자에게 더 그랬고, 진심 을 다해 사람들의 마음을 사는 법을 알았지. 그중에서도 가난한 자들이 그를 아주 좋아했어. 아테나 여신도 마찬가지였지.

테미스토클레스는 그 이유를 언젠가 내게 말했어. 그가 선거에 나가 시장과 부두, 주점 등을 돌아다니며 밑바닥 계층들의 말을 듣고, 그들의 의견을 말할 수 있도록 해 주었대. 그랬더니 갑자기 거리에서 아테나가 옆에 나타났다는 거야. 아테나는 망토로 얼굴을 감싸고 있었는데, 머리에서 모자를 벗겨 냈을 때 처음에는 누구인지 알아보지 못했대.

"영리한 녀석 같으니."

아테나가 작게 중얼거렸어.

"그대는 다른 아테네인들을 모두 합친 것보다 똑똑하구나!"

그렇게 말하고는 웃으며 망토에 달린 모자를 뒤로 넘겼어.

그제야 테미스토클레스는 여인의 얼굴을 제대로 볼 수 있었지. 그는 아테나의 깊고도 밝게 빛나는 회색빛 눈을 멍하니 바라보다가, 여신이라는 것을 알아차렸어. 그러자 여신은 사라졌지. 그 뒤로 테미스토클레스는 여신이 종종 자기 옆에서 모습을 감추고 있다고 느꼈대. 여신이 자신을 무척 아낀다는 사실을 알고 있었지.

하지만 그날 저녁, 아테나 여신은 없었어. 아테네인들은 닥친 문제를 스스로 해결해야 했지. 오롯이 자신들이 결정을 내리고 행동해야 했어. 그래서 테미스토클레스는 밀티아데스를 지지하며 동이 트자마자 페르시아군을 치자고 밀어붙였어. 논쟁은 늦은 밤이 다 되도록 이어졌지만, 결국 미심쩍어하던 장군들마저 손아귀에 넣었단다. 전투를 하기로 결정이 난 거야. 다음 날 아침, 마라톤 평원에서 진격하기로 말이지.

아테네군은 동쪽 지평선에서 태양이 금빛을 내뿜기도 전에 공격에 나섰어. 테미스토클레스는 다른 이들과 같이 갑옷과 무기로 무장한 뒤 자기 자리를 찾아 줄을 섰어. 밀티아데스 장군의 진격 명령이 떨어졌어. 테미스토클레스는 다른 아테네 군사들, 플러티어인들처럼 군모를 바짝 당겨 썼지. 갑자기 쥐죽은 듯 조용해졌어. 그는 한 손으로 방패를, 다른 손으로는 창을 들어올렸어. 이제 신호가 떨어지기만을 기다렸지.

트럼펫 소리가 울려 퍼졌어. 테미스토클레스는 심장이 입 밖으로 튀어나오는 것 같았지. 한 걸음 한 걸음 앞으로 나아갔어. 다른 중장 보병들도 기나긴 전투선을 따라 거대한 무리를 이루어 움직였어. 군사 행렬의 발 아래로 펼쳐진 평원에서, 테미스토클레스는 페르시아 군대가 펄쩍 뛰는 모습을 지켜보았지. 야만인들은 놀라고 흥분해서 소리를 질렀어. 궁수들이 활시위를 잡아당겼지. 활이 아테네 군대를 향해 휙 날아갔어.

여기저기에서 아테네 군사가 목에 화살을 맞고 쓰러졌어. 하지만 대부분은 군모나 방패를 맞고 튕겨 나갔지. 또 다시 찢어질 듯한 트럼펫 소리가 들리고, 밀티아데스 장군의 우렁찬 목소리가 터져 나왔어. 아테네군은 달리기 시작했지. 군사들은 창을 낮추었어. 가까이, 더 가까이 적에게 다가갔어. 테미스토클레스의 눈에 페르시아군의 눈 흰자위가

들어왔어. 페르시아군은 자신들을 공격하는 자가 누구인지 깨닫자 고함을 질렀어. 테미스토클레스는 페르시아군의 입이 뒤틀리는 모습을 똑똑히 보았지.

드디어 올 것이 왔어. 창과 방패의 거대한 물결이 당장이라도 다 쓸어버릴 듯이 밀려 내려오며 적들의 방어선을 완전히 깨부수었어. 페르시아군은 아테네군과는 달리 무거운 갑옷을 입지 않았기 때문에 마치 밭 위의 옥수수처럼 짓밟히고 쓰러졌지. 아직 서 있던 군사는 창 사이로 도망갔어.

테미스토클레스는 투구에 난 구멍 사이로 아테네 군대가 멈출 줄 모르고 계속 앞으로 나아가며, 페르시아 군대를 평원으로 몰아넣는 광경을 지켜보았지. 그는 적들 무리가 공포의 도가니에서 벌벌 떨고 있는 것을 느낄 수 있었어. 그런데 페르시아 군사들이 뛰는 모습이 보이는 거야. 그들이 방향을 바꾸고 겁에 질려 어쩔 줄 모를 때, 테미스토클레스의 코로 예상치 못한 톡 쏘는 냄새가 들어왔어. 염소의 냄새였어.

하지만 결과는 여전히 알 수 없었지. 페르시아군 대부분이 배로 도망쳤지만, 여전히 많은 수가 버티고 싸웠어. 아테네군의 창이 부러지기 시작하자, 중장 보병은 검을 빼들었지. 싸움은 잔혹하고 진을 빠지게 했어.

"견뎌 내거라."

테미스토클레스의 귀에 누군가 속삭였어.

그는 어리둥절해 하며 이리저리 둘러보았어. 여자 목소리였지.

낮고 부드럽지만 다급했어. 그 순간 먼지가 뭉게뭉게 피어오르는 격전지 사이로 익숙한 눈빛이 보였지. 회색빛 눈 한 쌍이 테메스토클레스가 쓴 투구의 구멍 사이로 보였어.

"판이 그대를 도와 평원을 싹 쓸어버릴 것이다."

아테나는 이렇게 속삭이고는 사라졌어.

늘어선 병사들 너머로 거대한 형상이 우뚝 서 있는 모습이 테미스토클레스의 눈에 들어왔어. 음울하고 위압적인 형상이 어른거렸지. 염소 다리를 한 모습이었는데, 테미스토클레스 옆에 있던 중장 보병을 스치고 지나갔지. 중장 보병은 손을 눈 위에 올리고 비명을 질렀어.

"아무것도 안 보여! 아무것도 안 보인다고!"

거대한 형상에서 뿜어 나오는 빛은 엄청나게 무시무시했어. 그가 검을 아래로 떨어뜨리자, 적 세 명이 한 번에 나가떨어졌지. 이제 페르시아에서 가장 강인한 전사들조차 겁에 질리고 말았어. 많은 전사들이 눈이 멀고 말았고, 아테네 군사들은 방패를 한데 맞대고 검으로 밀고 찌르며 소리쳤어. 갑자기 전투에서 승리한 기분이 들었지.

검 앞에서 쓰러진 사람은 대부분 페르시아 군사들이었어. 쓰러지

지 않은 군사들도 평원에 끝없이 펼쳐진 늪에 빠져 죽고 말았지. 어떤 군사들은 배로 우르르 몰려가다 짓밟혀 죽었어. 그래도 대부분의 함대는 어떻게든 맹공격에서 빠져나가려 했지. 어떤 아테네 군사는 페르시아 배의 뒷부분에 매달려 있다 손이 잘리기도 했어.

테미스토클레스는 페르시아 함대가 만을 빠져나가는 모습을 보면서도 안심이 되지 않았어. 아테네는 여전히 위험에서 빠져나오지 못했지. 40킬로미터 떨어진 도시에서 여자들과 아이들은 아무런 보호를 받지 못한 채 놓여 있었어. 그래서 바로 전쟁터를 떠나는 수밖에 없었어. 나중에 테미스토클레스가 말하길, 살면서 그때만큼 힘들었던 적이 없었대. 테미스토클레스와 피투성이가 된 중장 보병들은 지친 다리를 이끌고 가능한 빨리 아테네로 향했어.

그들은 시간에 맞춰 아테네에 도착했어. 도시로 들어가는 항구에 도착한 바로 그 순간, 페르시아 함대가 곶을 돌아 미끄러지듯 움직이기 시작했어. 함대는 몇 시간이고 항구 입구 너머로 위협이라도 할 것처럼 머물러 있었지.

마침내 해가 저물어 갈 무렵, 닻을 올렸어. 함대는 방향을 돌려 항해를 하더니, 동쪽 수평선 너머로 사라졌지. 아테네를 위협하던 존재는 이제 가고 없었어.

하지만 이 상황이 얼마나 오래 갈까? 도시에서는 많은 사람들이 승리와 안도감이 뒤섞여 들떴고, 페르시아의 위협이 이제 완전히 사라졌다고 여겼어. 전쟁에서

희생된 사람들의 숫자를 세어 보니, 페르시아군 6,400여 명이 마라톤 평원에서 목숨을 잃었더군. 아테네인들은 192명 정도였어. 페르시아 대왕은 그렇게 치욕적인 패배를 당하고도 어찌 두 번째 침략을 생각하려 했을까? 대부분은 생각조차 하지 않았다고 여길 테지만 전혀 그렇지 않았어.

테미스토클레스는 마라톤 전투에서 맞선 병력이 다리우스 왕이 지휘하는 군의 일부에 지나지 않는다는 사실을 잘 알고 있었어. 페르시아 군대는 반드시 다시 돌아오리라 확신했어. 우리 스파르타도 그렇게 생각했지.

전투가 일어나고 사흘 후, 우리 군대는 아티카에 도착하여 이미 패배해서 물러난 침략자를 찾았어. 소식을 들은 스파르타군은 마라톤으로 향했지. 그곳에서 적들의 시신을 목격했어. 레오니다스는 적군이 입고 있던 갑옷이며 무기, 옷 등을 주의 깊게 관찰했지. 그는 그 야만인들을 직접 대할 날이 머지않았다는 것을 알았어.

"페르시아인들이 오고 있다."

바로 어머니가 돌아가시기 직전 내게 남긴 말이야. 어머니의 말이 어찌나 잘 들어맞는지! 페르시아인들이 왔다가 갔지만 반드시 다시 오리라는 무서운 생각이 들었지.

14장

변신

마라톤 전투가 일어나고 6년 후, 새끼 곰 한 마리가 폐허가 된 채석장 끄트머리를 따라 돌아다니고 있었어. 나무며 덤불이 여기저기에 제멋대로 자라 있었지. 덤불 중 하나에는 먹음직스럽게 생긴 딸기가 잔뜩 달려 있었어. 새끼 곰은 배가 고팠고, 딸기 냄새를 맡으니 배에서 꼬르륵 소리를 내며 요동쳤어. 덤불 뿌리는 절벽 맨 위에 매달려 있었는데, 딸기가 그 아래에 수북하게 달려 곰을 꾀어냈지.

새끼 곰은 딸기에 손을 뻗어 보기로 했어. 가지 하나에 매달려 기어갔지. 그러자 가지가 점점 구부러지기 시작했어. 빠직하는 소리와 함께 가지와 덤불 그리고 절벽이 몽땅 순식간에 무너졌어. 새끼 곰도 함께 떨어졌고 말이야. 아래로, 아래로 계속해서 떨어졌어. 하얀 먼지 구름이 하늘 위로 뭉게뭉게 솟아났고, 그 뒤로 자갈이 살짝 튀어 올랐어. 그리고 다시 이어지는 고요함.

새끼 곰이 정신을 차리자마자 오른쪽 뒷다리가 뻐근하게 아파 왔어. 곰은 끙끙대며 훌쩍거렸지. 그러다 눈이 휘둥그레졌어. 곰 앞에 무언가가 반짝거린 거야. 곰은 앞발을 내밀어 긁어 보았지. 먼지를 문질러 닦자 더욱 더 반짝거렸어. 새끼 곰의 눈에 바위에 있는 굵은 광맥이 들어왔지 뭐야. 절벽이 무너지며 광맥의 단면이 드러난 거야. 곰은 깜짝 놀라 다리가 아픈 것도 잠깐 잊어버렸어. 하지만 정말 잠깐이었지. 곰은 다시 낑낑대기 시작하더니 급기야 울부짖었단다.

피레네가 그 소리를 듣고 곰을 구하러 왔어. 아르테미스와 함께 사냥하던 요정이 많았는데, 그중에서도 피레네는 여신이 가장 좋아하는 요정이었단다. 자신의 주인처럼 이 요정도 활쏘기 솜씨가 보통이 아니었으며 짐승과 말이 통했지.

아티카의 숲에 홀로 있던 피레네는 수풀 사이로 상처 입은 새끼 곰이 울부짖는 소리를 듣고 채석장으로 달려갔어. 요정은 늘씬한 팔로 새끼 곰을 들어 올리고는 브라우론으로 데리고 갔어. 그곳에서는 아르테미스와 다른 요정들이 기나긴 사냥을 하고 쉬고 있었지. 요정은 다친 새끼 곰을 여신의 발아래에 내려놓았어. 아르테미스는 손을 뻗어 곰을 진정시켜 주었고, 다친 다리를 가만가만 쓸어내렸지.

그때 아르테미스 여신이 자신이 가장 좋아하는 피레네 요정을 바라보았어.

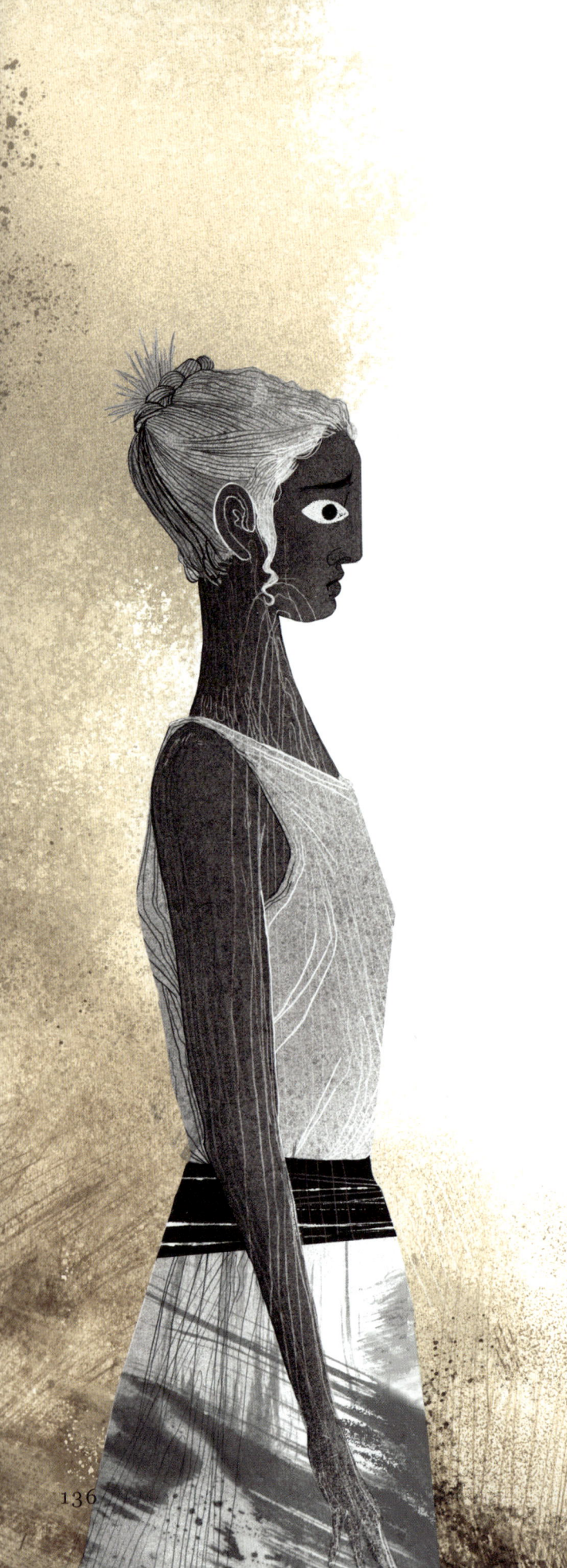

"어디에 있었던 게냐?"
"숲을 거닐고 있었습니다."
"요새 왜 혼자 다니지?"
피레네는 아무 대답도 하지 않았어. 그저 여신을 힐끗 보고는, 고개를 돌려 먼 곳을 향하며 시선을 피했지.
아르테미스는 요정을 유심히 살펴보았어. 여신의 눈빛은 전에 없이 차갑고, 사나워 보였지. 그러더니 앉은 자리에서 일어나 화살 통을 어깨에 멨어.
"네가 이 어린 것을 잘 보아라."
여신이 명령했어.
"절뚝거리는 다리로 아테네에 보내고 싶지 않아. 곰의 어미가 달가워하지 않을 테다."
내가 이런 일이 일어났다는 것을 어떻게 알았는지 궁금하겠지? 말해 줄게. 스파르타의 전사인 아리스토데무스에게서 들었어. 그는 아버지가 아폴론의 저주를 받고 미쳐 있을 때 그 뒤를 쫓아 사로잡은 사람이야. 그럼 아리스토데무스는 이 일을 어떻게 알았느냐고? 이것도 알려 주지.
아버지가 세상을 떠난 후, 아리스토데무스는 항상 내 존재를 부담스러워했어. 내가 그에게 원한을 품고 있다고 느꼈거든. 물론 그는 그런 감정을 느껴서는 안 되었지. 스파르타인은 단순히 자기 의무를 다한 것을 두고 다른 사람을 비난해서는 안 돼. 나는 아리스토데무스가 명령을 받았다는 사실을 알아. 그로서는 명령을 거역할 수 없었지. 나는 이 점을 설명하며 그를 안심시켜 주었어. 그도 이 말을 듣고 감사히 여겼지.

어느덧 그는 나와 내 남편과 가까운 사이가 되었어. 아리스토데무스의 용기와 솜씨에 깊은 인상을 받은 레오니다스는 그를 경호원으로 임명했지. 그래서 그가 어느 날 저녁, 우리에게 와서 나와 관련된 이야기를 들려주었어. 우리는 그 이야기를 앞에서 묵살하지 않았고, 당연히 더 많이 알고 싶었지.

아리스토데무스는 이런 반응에 얼굴이 붉어졌어.

"왕비 전하께서 꼭 만나야 할 사람이 있습니다. 하지만 우리가 어디로 갈지는 아무에게도 말하지 마십시오."

우리는 이튿날 아침 떠났어. 아리스토데무스에게 이끌려 타이게투스 산으로 이어지는 길을 따라갔고, 지나온 길을 뒤로 하고 우거진 산비탈을 따라 올라갔지. 그가 달리기 시작하자 몸이 흔들리며 등에 있던 화살 네 개가 모두 땅에 떨어졌어. 그가 계속해서 뛰어가는데, 회색 털이 점점 자라더니 인간의 모습이 완전히 사라지더군. 레오니다스가 뒤를 돌아 나를 흘끗 보았어.

"당신은 늑대 일꾼의 딸이오. 우리 도시는 역사상 가장 위대한 곳이지. 당신 어머니는 왜 아테네 여자가 곰이 될 수 있다고 생

각한 거요? 그 문제의 답은 아직 찾아내지 못했소? 고르고, 어머니는 스파르타 여성이 늑대가 될 수 있다는 사실을 알고 있었기 때문이오."

그런데 레오니다스도 네 발로 서기 시작했어. 나와 결혼한 그는 더 이상 인간의 모습이 아니었지. 잠시 동안 나는 미심쩍은 생각에 꼼짝도 않고 서 있었어. 하지만 레오니다스가 내게 했던 말을 다시 떠올려보니, 그가 옳았다는 생각이 들더군. 나는 스파르타에서 가장 위대한 여성이고, 클레오메네스 왕의 딸이며, 헤라클레스의 자손이었어. 제우스의 피가 내 핏줄 속에 흐르고 있었다고.

"레오니다스!"

내가 외쳤어.

"레오니다스, 기다려 줘요!"

그 순간 내 몸을 타고 흐르는 크나큰 환희와 전율을 느꼈어. 내 피부는 더 이상 원래의 것이 아니었지. 그리고 미처 깨닫기도 전에, 나 역시 네 발로 딛고 일어섰고, 타이게투스 산의 다섯 봉우리를 울릴 정도로 우렁차게 울부짖었어. 내가 달릴 때 내는 속도는 마치 바람처럼 느껴지더군.

마침내 멈춰 섰지만 어디인지는 알 수 없었어. 그저 인간이 사는 곳과 멀리 떨어져 있다는 것만 알았지. 앞에는 맑은 웅덩이가 있었는데 보글보글 거품이 샘솟았어. 샘 옆은 온통 으스스한 분위기였지만, 곧 우리만 있지 않다는 것을 알아챘지. 갑자기 털로 뒤덮인 내 모습이 너무나 어색하게 느껴졌어. 그래서 튜닉을 풀고 몸을 흔들어 땅에 떨어뜨릴 때처럼 내 몸을 흔들었지. 나는 더 이상 늑대가 아니었어. 고개를 돌려 레오니다스를 찾았는데, 그도 다시 인간의 모습으로 돌아왔어. 우리는 함께 웅덩이 옆으로 가서 목을 축였어.

그런데 아리스토데무스 옆에 어떤 여자가 있었지 뭐야. 처음에는 빛에 가려 누구인지 보이지 않았어. 눈을 비비니 좀 더 명확히 보였어. 여자는 머리가 짧았고 등 뒤에 활을 메고 있었어. 여자가 움직이는데, 마치 보글보글 거품이 솟는 샘물에서 잔물결이 이는 것 같았어. 오래전에 람피토와 요정을 보았을 때가 떠올랐어. 내가 보고 있는 여자가 바로 요정이라는 것을 알게 되었지. 요정은 아리스토데무스를 보고 눈을 떼지 못했어. 한 번인가 두 번, 매우 부끄럼을 타며 그의 손을 슬며시 만지지 뭐야. 그러다 불안한 듯 뒤를 흘낏 돌아보았어.

"여기는 피레네예요."

아리스토데무스가 말했어.

나는 요정을 이토록 가까이에서 본 적이 없었어. 어릴 적, 람피토와 함께 아르테미스가 사냥을 하는 모습을 보았을 때에는 넉넉히 안전한 거리에서 보았으니까. 람피토가 내게 쉴 새 없이 주의를 주었듯이, 여신은 인간이 가까이에 오기를 절대 허락하지 않았어. 그러니 피레네가 왜 불안해하는지 금세 알아차렸지. 요정의 주인인 여신은 피레네가 우리와 함께 있다는 사실을 알지 못했어. 따라서 피레네가 우리에게 말하고 싶은 바가 무엇이든, 밝혀져서는 안 될 터였어. 레오니다스와 나는 이 점을 동시에 깨닫고 몸서리를 쳤지. 우리는 극도로 조심하며 몸을 기울이고 이야기를 들었어.

"올림포스 전당에서는…."

피레네가 입을 열었어.

"몽땅 전쟁 이야기뿐이에요. 전쟁이 임박했다고요. 전쟁을 거스를 방법은 아무것도 없어요. 그 어떤 상상도 뛰어넘는 어마어마한 전쟁이라고요."

요정은 낮고 다급한 목소리로 말하면서도, 불안에 못 이겨 뒤를 힐끗 돌아볼 때에만 잠시 말을 멈추었어. 요정은 페르시아에 새로운 왕이 등장했다고 알렸지. 다리우스의 아들인 크세르크세스로, 그는 전지전능한 힘을 몽땅 그리스를 침략하는 데 끌어 쓴다고 했어.

신들은 이미 이 전쟁을 두고 패가 갈렸어. 피레네가 잠시 말을 멈추었다가 다시 시작하는데, 거의 입모양으로 말하는 것이나 다름없었어. 제우스와 아테나가 열띤 논쟁을 벌였는데, 하늘의 아버지인 제우스는 자신의 딸과 아테네인들에게 화가 나 아테네에 끔찍한 저주를 퍼부었다고 했어.

"저주에서 벗어날 수 있는 방법은 없어요. 아테네인들은 아티카에서 피난을 갈 수밖에 없는 운명이에요. 아크로폴리스는 이제 불타오를 거예요. 제우스께서 그렇게 말씀했어요."

나와 레오니다스는 샘물에서 돌아왔어. 궁에서 단 둘이 있을 때 우리가 들은 말이 무엇을 암시하는지 이야기를 주고받았어. 나는 몇 년 전 테미스토클레스에게 맹세했던 약속을 지금도 굳게 지키고 있었지. 아테네 없이 우리 스파르타는 페르시아에 대응할 희망이 없다는 걸 알아. 우리에게는 배도, 배를 만들 돈도 없으니까. 페르시아 함대를 막을 방법이 우리에게는 단 한 가지도 없어. 하지만 아테네인들이 함대를 타고 올 수 있다면?

일단 지금으로서는, 아티카 채석장에서 은이 어마어마하게 묻힌 광산이 우연히 발견되었어. 아테네인들에게 은광맥이 나왔다고 알리는 일은 스파르타의 왕 누구에게도 위험한 일이었어. 무엇보다도 아테네는 강력하고도 무시무시한 도시이니까. 강력한 아테네 함대가 미래에 우리 스파르타인들에게 골칫거리를 안겨 줄지 누가 알겠어?

하지만 은광맥이 있다는 사실을 아테네에게 알리지 않는 것도 스파르타에 더 큰 시련이 될 여지가 있었어. 함대 비용은 은으로만 지불할 수 있으니까. 물론 위험도 있지만 결국 밤새도록 여러 의견을 주고받은 뒤에, 레오니다스와 나는 뜻을 하나로 모았어. 스파르타의 생존은 아테네의 함대를 우리 편으로 끌어들이는 데 달렸다고. 그 말은 곧 아테네에 은광맥이 있다는 사실을 알려야 한다는 거야. 다른 선택은 없었어.

이 결정으로 내 인생이 바뀌었지. 우리 계획은 비밀에 부쳐야 했어. 스파르타의 왕이 적극적으로 아테네를 더 강력하게 만들려 한다는 사실을 아무도 알지 못했지. 물론 레오니다스 본인이 아테네로 떠날 수 없었어. 아테네에 은광맥이 있다고 알리는 일은 오직 나만이 할 수 있었단다.

나는 다음 날 떠났어. 레오니다스 말고는 내가 아테네로 향했다는 사실을 아무도 몰랐지. 나는 망토를 뒤집어쓰고 얼굴을 가린 채 다녔어. 태어나서 처음 스파르타를 벗어나서 그런지, 내 생에 가장 짜릿한 경험이기도 했지. 새로운 도시와 나라를 보다니! 그토록 오랫동안 여행을 꿈꿨는데 이제 할 수 있게 되었어! 아마도 언젠가, 페르시아가 패배하고 스파르타가 무사히 살아남으면, 온 세상을 여행할 수 있겠지. 물론 그 전에 내가 꼭 마쳐야만 하는 임무가 있었어.

여행은 수월하게 계속되었어. 물론 가는 길에 내게 시비를 거는 남자가 한두 명 있기는 했지만 말이야. 이 남자들은 이전에 스파르타 여성을 본 적이 없었어. 타이게투스 산비탈에서 알게 된 변신술, 늑대로 변할 수 있는 능력은 이제 내 마음대로 부릴 수 있게 되었어. 나를 모욕하려는 남자는 그 누구든 후회하기도 전에 오래 살지 못했지. 나는 아버지의 딸이라는 사실을 증명하고자 했어. 아버지가 나를 자랑스럽게 여기리라 믿고 싶었어.

아테네에 다다르자, 나는 곧장 테미스토클레스의 집으로 향했어. 우리는 처음 만난 이후로 수많은 편지를 주고받았어. 하지만 헬레네의 무덤에서 함께 앉아 이야기를 나눈 뒤로 직접 만난 적은 없었지. 처음에 그는 내가 그때 만났던 어린 여자아이라는 것을 알아채지 못했어. 내가 늑대로 둔갑하고 다시 돌아오자 누군지 알아보았지.

내가 여기에 온 이유를 설명하자, 테미스토클레스는 들뜬 얼굴로 들었어. 같은 날, 그는 부하들을 보내 모든 소녀들을 수소문하라 일렀지. 새끼 곰으로 살다가 일주일 전, 브라우론에서 돌아온 여자아이가 있는지 알아보라면서 말이야. 채석장에 떨어졌다가 피레네의 도움으로 구출된 여자아이가 누구인지 알아보는 데에는 그리 오래 걸리지 않았어. 그날 소녀가 떠올린 기억은 뒤죽박죽이었지만, 브라우론 근처로 데리고 가니 기억이 선명해졌지.

소녀는 우리를 채석장으로 데리고 갔어. 그곳은 라우리온이라 불렸는데 채석장에는 은광맥이 있었지. 아티카의 바위 속에 잠들어 있던 거대한 보물 창고였어. 테미스토클레스는 신이 나서 어쩔 줄 몰랐단다.

"이런 광경은 한 번도 본 적이 없는데. 아테나 여신이 주신 선물인 게 분명해. 우리가 필요할 때 적절하게 주셨군."

그가 내게 고개를 돌렸어.

"이 은혜는 잊지 않겠습니다, 왕비 마마. 당신뿐만 아니라 당신네 나라도 절대 그냥 저버리지 않겠어요."

나는 기세등등하게 스파르타로 돌아왔단다. 하지만 아직 아무것도 해결되지 않았어. 아테네에서는 누군가 뜻밖의 횡재를 맞으면, 모든 시민들이 그 재물을 똑같이 나누는 것이 관례였거든. 당연히 은을 발견했을 때에도 똑같이 나누리라 생각한 사람들이 많았지. 테미스토클레스는 의회에서 은이 함대를 만드는 데 쓰여야 한다고 주장했지만, 반대편에서는 재빨리 반박했어.

그에게 반대한 당파의 지도자는 아리스티데스라는 사람이었어. 그는 언제나 원칙을 매우 중요하게 여겼고, 전통을 누구보다도 아꼈으며, 모든 것은 항상 똑같이 유지되어야 한다고 생각했지. 덕분에 아리스티데스를 따르던 사람들은 그를 두고 '공정한 사람'이라 불렀단다.

은을 어떻게 써야 하는지를 두고 테미스토클레스와 아리스티데스의 논쟁이 지나치게 격렬해지자, 아테네인들은 어쩔 수 없이 두 사람 중 한 명을 추방해야 한다는 결론을 내렸어. 아테네 특유의 관습이기는 하지만 개인적으로 매우 훌륭하다고 생각해. 매해 봄마다 아테네인들은 누구를 추방할지 투표로 정하지. 추방하지 않겠다는 표가 많이 나오면, 그걸로 됐어. 더 이상 아무런 일도 일어나지 않아. 하지만 누군가를 추방해야 한다는 표가 많이 나오면?

처음에 투표를 하고 두 달 후, 모든 사람들이 광장(아고라)에 모여. 시민들은 각자 도자기 조각에 추방하고 싶은 사람의 이름을 새겨 넣지. 이것을 도편 추방제라고 해. 판결에 따르지 않고 항소할 권리는 없어. 민주주의의 결정은 그걸로 끝이야.

나는 나라 밖에서 들려올 소식을 기다리면서 이토록 긴장을 한 적이 없었어. 지난여름 마라톤 전투 때에도 이 정도는 아니었는데 말이지. 테미스토클레스가 보낸 첫 번째 전령은 봄에 도착했어. 그는 투표가 있었고, 그해에 도편 추방제를 실시했다고 보고했지.

두 번째 전령은 그로부터 두 달 뒤에 왔어. 그가 말하길 운명의 투표 날, 어마어마한 군중이 시장에 모였대. 글을 쓸 줄 모르는 농부들까지도 농사일을 마다하고 왔다더군. 그들 중에 한 농부가, 옷을 잘 차려입은 남자에게 다가와 도와달라고 했대.

"물론이지요. 어떻게 도와드릴까요?"

그 남자가 말하자 농부가 대답했지.

"여기 도자기 조각에 저 대신 '아리스티데스'라고 좀 써 주시오."

"아."

잘 차려입은 남자가 대답했어. 왠지 기분이 상한 목소리였지.

"괜찮으시다면 그 이유를 여쭤봐도 되겠습니까?"

"모두 그를 두고 '공정한 사람'이라고 부르는 게 지긋지긋해서요."

다름 아닌 아리스티데스였던 그 남자는, 요청받은 대로 썼어. 도자기 조각에 자신의 이름을 스스로 쓴 것이었지.

사람들은 이를 두고 위대하고 고결한 정신의 본보기가 된다고 이야기해. 하지만 나라면 이런 말에 속지 않아. 이 이야기가 어디에서 나왔을까? 흠, 아리스티데스 본인 아니면 누구 입에서 나왔겠어? 그가 이 이야기를 퍼뜨린 의도는 분명해. 우선, 자신을 훌륭하고 고결한 원칙주의자로 보일 필요가 있었지. 둘째, 투표가 끝나고 높다랗게 쌓인 도자기 조각 수를 세어 결과가 나왔을 때, 왜 아리스티데스가 투표에서 패배했는지 설명할 구실이 필요했어.

그는 곧바로 추방에 응했어. 나도 그 점은 올바르다고 인정해. 하지만 내가 그에게 인정하는 부분은 딱 여기까지야. 만약 그가 자기 방식대로 밀고 나갔다면, 그리스는 페르시아 군함 앞에서 방어 한번 못해 보고 무너져 내렸을 거야.

투표에 이긴 사람은 테미스토클레스였어. 그는 아테네에 그대로 있게 되었을 뿐만 아니라, 함대를 만들어도 된다는 허가를 정식으로 받았어. 작업은 즉시 시작되었지. 아테네의 조선소들에서는 톱질하고 망치질하는 소리가 끊임없이 울려 퍼졌어. 전함 한 척이 완성되어 출항 준비를 마치기 전까지는 2주가 채 걸리지 않았어. 1년 동안 함대 수백 척이 바다 위를 누비기 시작했단다.

한편, 아티카에 있던 모든 이들은 노를 저었어. 노 젓기를 배우기란 쉽지 않았고, 특히 손에 물집이 생길 때 정말 끔찍했지. 하지만 여름에서 가을로 접어들고, 겨울에서 봄에 이르기까지 아테네인들은 연습을 거듭했어. 연습을 하고, 또 했지. 그리고 잘 해냈을 거야.

결전의 시간이 점점 다가왔어. 피레네가 지난여름 우리에게 들려준 소식은 사실이었지. 아시아 군단이 모이고 있었어. 왕 중의 왕이 몸소 그리스로 향하고 있었어.

15장

침략

자연스럽게 우리는 알아내야 할 게 더 많아졌어. 페르시아 왕은 언제 도착할까? 부대를 얼마나 많이 이끌고 올까? 전함은 또 몇 척이나 올 테고? 아마도 피레네가 우리를 도울 수 있을지도 모른다는 생각이 들었어. 하지만 아니었지. 아리스토데무스에게 묻자, 그가 고개를 절레절레 흔들었어. 우리가 샘물 옆에서 피레네를 본 날 이후 그도 한 번도 만나지 못했다더군.

"요정은 원래 그래요."

그가 자신의 경험에 비추어 단호하게 말했어.

나는 실망했지만 놀라지는 않았어. 피레네가 얼마나 불안해했는지 떠올랐으니까. 아르테미스는 자기가 데리고 다니는 무리 중 누군가 인간과 거래를 하면, 가차 없이 대해. 그저 피레네가 안전하기만을 바랄 뿐이야.

그러다 어느 여름날, 뜻밖의 일이 일어났어. 편지 첩 하나가 스파르타로 온 거야. 레오니다스에게도, 민선 장관들에게도 아닌 내게 온 것이었어. 편지 첩은 접혀 있었고, 나무판자 두 개를 겹쳐 밀랍으로 밀봉했어. 하지만 밀랍은 아무도 손을 대지 않았고, 아무것도 쓰여 있지 않았지. 누가 이것을 왜 보냈는지는 그 누구도 알지 못했어. 갑자기 데라마토스가 떠오르더군. 그가 스파르타를 영영 떠나기 전 내게 와서 비밀리에 약속한 게 있었거든. 절대 국민들을 배신하지 않고, 언제나 국민의 이익을 위해 무엇이든 알아보겠다고. 그러니 그에게서 온 것이라는 생각이 들었어.

"밀랍을 벗기고 꺼내세요."

내가 명령했어.

다들 이 말을 듣고 눈썹을 치켜올렸지만, 장관 중 한 명이 내가 지시한 대로 했어. 밀랍이 떨어져 나갔지. 그러자 나무로 된 편지 첩 위에 희미하게 글자가 새겨져 있었어. 장관이 글자를 빛에 비추어 보았지. 데마라토스에게서 온 전갈이었어. 왕 중의 왕의 궁궐에서 온 정보였지.

데마라토스가 알려주길, 페르시아 왕인 크세르크세스가 그해 가을에 사르디스에 도착할 예정이었어. 그곳에서 겨울을 보낸 뒤 다음 여름, 어마어마한 군대와 함대를 이끌고 그리스를 가로질러 나아갈 거라더군. 그의 군대는 보병만 170만 명으로 역대 가장 큰 규모였어. 크세르크세스의 계획은 군대를 이끌고 트라케를 지나 헬레스폰트 해협으로 간 뒤, 올림포스산을 내려와 아테네로 나아가는 것이었어. 그 사이에, 해안의 전투선을 따라 전함이 그리스로 진격하며 그의 군대의 가림막이 되어 줄 터였지. 데마라토스는 페르시아 함대 역시 우리가 꿈에도 생각하지 못할 정도로 규모가 엄청나다 했어. 다 합쳐서 1,207척이었다지.

어떻게 이런 일이 일어날 수 있지? 어떻게 단 한 사람이 이렇게 엄청난 규모를 진두지휘할 수 있냐고? 물론 우리 스파르타인도 두려움을 느끼지 않는 사람으로 길러졌어. 그 어떤 야만인이라 해도, 그 수가 백만이라 한들, 단 한 사람의 스파르타인이라도 무릎 꿇게 할 수 없을 거야. 어느 정도는 불안한 겨울이 되겠지만.

나로 말할 것 같으면, 많이 안심이 되었어. 어머니가 세상을 떠나기 전 남긴 말 때문에, 페르시아군이 올 거라는 두려움에 사로잡혀 살았으니까. 이제 정말로 그들이 오고 있어. 이제 더 이상 불확실은 없는 거야. 마침내 우리 앞에 실제로 일어나고 있어.

봄이 찾아오고, 그 다음 여름이 왔어. 낮이 길어지며 데마라토스에게서도 비밀 전갈이 더 많이 왔어. 덕분에 몇 달 동안 크세르크세스의 진군 방향을 따라잡을 수 있었지. 데마라토스는 크세르크세스의 힘이 가늠할 수 없을 정도로 강력하다 썼어. 그가 지휘하는 백만 대군들 중에서 왕보다 더 잘생기고, 당당하고, 강력한 제국을 이끄는 데 적합한 인물은 없다고 했지.

제우스 본인도 크세르크세스의 꿈속에 나타나 그리스를 치라고 지시했대. 아테네인들이 제우스 어머니의 신전을 불태운 것처럼, 페르시아군도 제우스 딸인 아테나 신전에 불을 지르라는 지시를 받았지.

그럼에도 크세르크세스는 괜히 아테나의 화를 돋우지 않는 편이 좋다고 생각했대. 어떻게든 여신을 자기편으로 끌어들이고 싶었거든. 그래서 그는 사르디스에서 군대를 이끌고 트로이에 도착하자, 오래전 그리스가 약탈한 거대 요새의 유적으로 안내해 달라고 했어. 그곳에서 가축 수천 마리를 아테나 여신에게 제물로 바쳤지. 그동안 페르시아 왕과 함께 원정을 다니던 사제는 트로이에서 희생된 사람들을 기리며 포도주를 부었어. 그리스인들에게 희생된 영혼들이 복수를 해달라며 수백 년 동안 아우성쳤거든. 드디어 복수의 순간이 손안에 들어왔어. 아시아에서 온 군대가 그리스 도시들을 짓밟기 위해 진군했어.

"하지만 너무 절망하지는 마시길."

데마라토스가 내게 용기를 북돋아 주려 했어. 그는 모든 신들이 크세르크세스를 좋게 생각하지는 않는다며 나를 안심시켰어. 그가 제물로 바친 소 1,000여 마리로는 아테나를 페르시아 편으로 끌어들일 가능성이 별로 없다면서.

올림포스의 신들 중에 크세르크세스에게 분노할 만한 이유가 있는 신은 아테나뿐만이 아니었어. 크세르크세스가 에게 해의 해안선을 따라 진군하여 그리스까지 가려면 우선 헬레스폰트 해협을 건너야 해. 육지 사이에 낀 좁은 바다는 물살이 거칠어. 그리고 아시아와 유럽을 잇는 가장 좁은 바닷길이라 해도 약 3킬로미터나 떨어져 있어. 200만 명이나 되는 군사가 어떻게 여기에서 저기로 건널 수 있겠어?

왕 중의 왕인 크세르크세스는 바다가 앞을 가로막도록 내버려두는 사람이 아니었어. 그는 배로 다리를 두 개 만들라 명령했지. 겨우 내내 기술자들은 맡은 임무를 다했어. 그런데 다리 두 개가 다 지어지는 순간, 폭풍우가 불어왔어. 다리를 모두 바다에 가라앉혀 버렸지. 몹시 화가 난 크세르크세스는 헬레스폰트 해협에 채찍질을 하고 낙인을 찍으라는 명령을 내렸어. 또한 바닷물에 족쇄도 한 벌 떨어뜨렸지.

이렇게 하니 효과가 있었나 봐. 다리 두 개를 다시 만들어 냈거든. 수많은 배가 한데 묶여 바다 위에 떠 있는 다리가 되었어. 배다리는 물결을 타고 삐걱거리거나 위아래로 흔들렸지만, 안 좋은 일은 더는 일어나지 않았어. 이제 거대한 밧줄이 대륙과 대륙을 하나로 묶었지. 정말 얼이 빠질 정도로 놀라운 장관이었어.

두 다리가 아시아의 해안선으로 이어지는 곳인 아비도스에서, 크세르크세스는 바다를 쉽게 건너리라 기대했지. 하지만 자신의 발아래, 바다 저 깊은 곳에서는 포세이돈이 벼르고 있었어. 가장 위대한 왕이라 해도 바다를 노예 다루듯 벌을 주고 말았으니 매우 위험하기 짝이 없었지.

크세르크세스는 두 다리 중 하나를 건너기 전, 곶으로 향했어. 그곳에서는 주민들이 순도 높은 대리석으로 만든 왕좌를 왕을 위해 준비해 놓았지. 크세르크세스 아래에는 그의 군대가 아비도스 해변과 평원을 따라 구름처럼 모여들었어. 헬레스폰트 해협에는 함대가 진을 치고 있었지. 인류가 이 땅에 나타난 이래 그 어떤 사람도 이렇게 막대한 수를 지휘한 적이 없었어. 크세르크세스는 이 장관을 바라보며 신께 감사드렸지. 그러고는 흐느껴 울기 시작했어. 그 옆에 있던 그의 삼촌은 당황하여 왜 눈물을 흘리느냐고 물었어.

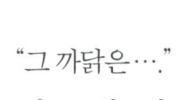

"그 까닭은…."
크세르크세스가 대답했지.
"인간의 삶이 얼마나 짧은지 새삼 깨달았기 때문입니다. 그 점이 제 동정심을 자극했어요. 여기 이 수많은 사람들을 보십시오. 그 수는 많을지언정, 앞으로 100년 안에 살아남을 수 있는 사람은 아무도 없습니다."

그는 그렇게 말하고는 눈물을 닦았어. 이제 군사들에게 일렬로 서서 다리를 건널 준비를 하라 명했지. 오후가 지나고 밤이 돼서야 군대는 준비를 마쳤어. 동쪽 하늘이 서서히 밝아지고, 헬레스폰트 해협 저 멀리 유럽 대륙의 윤곽이 희미하게 보이고 나서야 크세르크세스는 다리에 발을 디뎠지. 우선 그는 황금 컵에 담긴 포도주를 자기 발아래 소용돌이치는 파도에 부었어. 그러고 나서 제우스께 기도를 올렸어. 바다에 컵을 떨어뜨리고 뒤이어 황금 그릇과 검도 떨어뜨렸어. 검이 떨어지는 순간, 햇빛을 받고 잠시 반짝거렸지. 그리고 바다 속으로 하염없이 가라앉았단다.

우렁찬 트럼펫 소리를 배경으로 모두 다리를 건너기 시작했어.

첫 번째 부대가 삐걱거리는 수상 다리를 건널 때가 크세르크세스의 군대에게 가장 무서운 순간이었어. 스파르타를 빼고, 이모탈Immortal 부대는 세상에서 가장 강력한 군대로 알려져 있었거든. 이들의 수는 덜도 아니고 더도 아닌, 딱 만 명이었어. 이모탈 부대의 일원이 전쟁에서 죽거나 은퇴하거나 또는 아파서 빠지면 즉시 다른 부대원으로 대체되었어. 그래서 부대의 이름이 사라지지 않는다는 뜻의 이모탈(불멸)인 거야.

스파르타처럼 이모탈 부대는 전쟁을 위해 살아. 만약 이들을 실제로 본다면 이모탈 부대라고 짐작도 하지 못할 거야. 밝게 무늬를 수놓은 가운을 입고 버들가지로 만든 조잡한 방패를 들고 다니거든. 내가 직접 겪어 보고 하는 말인데, 그럼에도 전쟁에서 그 누구도 맞서지 못할 만큼 무시무시한 전투력을 자랑해. 그들은 가운 속에 쇠로 엮은 갑옷을 입었고 온갖 종류의 무기로 무장했어. 그들이 가지고 다니는 창의 손잡이 아랫부분에는 황금 사과가 달려 있지.

　그날 아침, 이모탈 부대는 창을 거꾸로 들고 바다 위의 다리를 건넜어. 새벽빛이 사과를 비추었지. 군대가 열 맞추어 이동할 때마다 마치 빛과 함께 들썩거리는 것 같았어.

　크세르크세스의 군대가 헬레스폰트 해협을 다 건너기까지는 꼬박 7일 밤낮이 걸렸어. 가장 마지막에 다리를 건넌 사람은 크세르크세스 본인이었단다. 대왕의 말이 유럽 땅에 발을 디디자, 그 장관을 지켜보던 현지인은 완전히 압도되었고, 너무나 무서워 기절하고 말았대. 정신을 차리고 나서는 대왕을 제우스 신이라고 생각했다더군.

　"신과 인간의 주인이시여, 왜 페르시아인의 모습으로 변장하셨습니까? 게다가 어찌하여 온 세계를 이끌고 그리스를 마냥 휩쓸어 버리려고 하십니까? 벼락을 잃어버리신 겁니까?"

　크세르크세스는 아무 대답도 하지 않았지. 그저 묵묵히 자기 길만 갈뿐이었어. 그의 앞에는 막대한 수의 군대와 말이 뿌연 먼지 속에서 자취를 감추었고, 이미 강물이 마르도록 물을 마시기 시작했지. 그들 너머로는 차례차례 구불구불한 트라케 해안이 있었고, 올림포스 산자락이 빙 둘러져 있었으며, 테르모필레의 좁은 길이 가닥가닥 나 있었어. 그리고 그 길은 페르시아를 분노하게 한 두 상대로 거침없이 이어졌지. 바로 아테네와 스파르타였어.

16장

숨을 죽이고

그해 여름, 시련이 다가오리라는 두려움이 뜨거운 열기처럼 끈적끈적하게 나를 짓눌렀어. 스파르타에 있는 이들이라면 그 누구든 나와 같은 심정이었지. 스파르타에 있던 우리가 데마라토스에게서 받은 정보는 귀중했지만, 신에게서 직접 받은 정보에 비할 수가 없었어. 그래서 전쟁 기미가 처음 보였을 때 레오니다스는 반드시 아폴론을 찾아가야겠다고 생각했지. 우리는 델포이에서 대답을 들은 뒤 줄곧 그 뜻을 곰곰이 생각했어.

"그대들의 운명이 여기에, 그대는 피로 물든 스파르타에서 살아갈지니
 그대들의 도시는 위대하고 장엄하나,
 페르세우스의 자손이 그 도시를 파멸에 이르게 할 것이다.
 그렇지 않으면, 헤라클레스의 혈통을 이어받은 왕이 반드시 죽고
 그대들의 땅 가장자리에서 슬퍼할 것이다."

나는 이 신탁이 무엇을 뜻하는지 생각하고 또 생각했어. 아버지는 이미 스파르타의 안녕을 위해 스스로를 희생했지. 이제 내 남편에게 똑같은 길을 가라는 것일까?
한편, 아테네인들이 받은 신탁이 무엇인지도 듣고 있었지. 그해 여름 아테네인들 역시 델포이에 사신을 보냈어. 그들이 받은 신탁은 아폴론이 우리에게 내린 것보다도 더 끔찍했어.
"떠나라, 이 세계 끝으로 얼른 도망쳐라!"
무녀에게서 이 신탁을 받은 아테네 사신은 대낮에 몸이 휘청거리고 급기야 절망에 빠져 바닥에 쓰러지고 말았어. 모든 희망이 사라진 것 같았지. 신이 그들을 버린 거야. 사신이 참담한 기분으로 흙먼지에 꼼짝 못하고 누워 있자, 사제가 와서 말했어.
"아폴론을 다시 찾아가 보시오."
그래서 사신들은 사제가 말한 대로 했고 두 번째로 신탁을 받았어. 아폴론의 말은 여전히 암울했어. 아테나가 아무리 제우스에게 애원해도, 아무리 꾀를 써도 아버지 제우스를 자신들의 편으로 끌어들일 수 없었대. 아테네인들은 불타 사라질 운명이었지. 페르시아 군대를 10년 전 마라톤에서 맞닥뜨렸던 것처럼, 탁 트인 땅에서 어떻게 맞서도 결국 재앙으로 끝날

터였어. 승리할 가망이 없다면, 실낱같은 희망조차 없는 걸까?

어쩌면 재앙이 들이닥치리라는 경고를 내린 후, 신탁은 희망의 빛을 내려 줄지도 몰랐어. 아폴론이 내린 신탁에서, 제우스가 침략자에 맞설 수 있도록 최후의 보루로 '나무로 만든 방어벽' 하나는 허락하리라고 했어. 이 벽이 무엇이 될지 신은 말하지 않았어. 그래도 신탁 중 마지막 구절이 힌트가 되지 않을까 해.

"여인들의 아들들, 신성한 살라미스가 그대들에 의해 파괴될 것이다.
때는 곡식이 흩어지거나 수확물이 모이면."

사신들이 아테네로 돌아오자, 의회에서는 두 번째 신탁에 관한 소식을 듣고 모였어. 아크로폴리스에서 격렬한 논쟁이 벌어졌지. 도시 전체의 운명이 달린 일이었으니까. 스파르타의 운명도 마찬가지였고. 아테네인들은 이제 어떻게 해야 하나? 아폴론이 말한 '나무로 만든 벽'이 대체 무엇일까? '신성한 살라미스'가 대체 왜 그렇게 중요하고?

저마다 생각이 달랐어. 어떤 이들은 신탁을 완전히 무시한 채, 아테네인들이 마라톤에서 페르시아와 맞서 싸웠듯이 정면으로 맞서기를 바랬어. 다른 이들은 아크로폴리스가 통나무로 울타리를 세웠다는 점을 지적하면서 이것이 아폴론이 말한 '나무로 만든 벽'이라 주장했어. 두 의견 모두 나름대로 지지를 받았지. 하지만 결국 테미스토클레스의 발언에는 반박하지 못했어. 이제 그가 오랫동안 준비한 연설을 시작할 순간이 되었지. 그는 이 기회를 놓칠 생각이 없었어.

"지대한 재앙이 눈앞에 닥쳤습니다."

테미스토클레스는 이렇게 아테네인들에게 말했어.

"아마도 페르시아인들이 아티카에 오기 전에 막을 수 있을 것입니다. 하지만 신탁이 사실이고 아테네가 불타오를 운명이라면, 우리에게 희망이 될 수 있는 방법은 하나밖에 없습니다."

그러면서 테미스토클레스는 이전 연설자들이 물었던 모든 질문에 답을 하기 시작했어.

"우리가 무엇을 해야 합니까? 반드시 도시를 떠나 여성과 아이들을 구출하여 바다 건너 펠로폰네소스 반도로 데리고 가야 합니다. 비록 우리집과 신전은 화염에 휩싸일지언정, 국민들은 살아남을 것입니다. '나무로 만든 벽'이라고 신탁을 받았는데, 무엇을 의미하는 것일까요? 분명, 우리 함대를 뜻하는 것입니다. 우리가 지난 2년 동안 수많은 비용과 노력을 들여 준비한 그 함대 말입니다. 그리고 '신성한 살라미스'란? 다시 말씀드리지만, 아폴론께서 뜻하시는 바는 분명합니다. 살라미스 섬은 반드시 우리 군영이 본부로 삼아야 하는 곳입니다. 우리 도시를 어쩔 수 없이 페르시아에 내주어야 하기 때문이죠. 우리 목표는 아티카 본토와 섬

사이에 놓여 있는 좁은 해역에서 대왕의 함대에 맞서 싸우는 것이 되어야 합니다. 그곳에서 우리가 야만인들의 배를 해협으로 끌어들일 수만 있다면, 그들의 막대한 수는 도움은커녕 오히려 방해가 될 것입니다. 이것이 바로 신탁이 의미하는 바입니다. 살라미스는 우리를 구할 것입니다. 그리스 모두도요."

스파르타에서 이 연설을 읽었을 때, 나는 테미스토클레스에게 운명적으로 은광맥의 존재를 알렸던 데 대해 신께 감사했어. 우리가 그에게 광맥이 있다는 것을 알리지 않았다면, 아테네는 함대를 만들 수 없을 터였고, 나무로 만든 벽도 없었겠지. 감히 희망하건대 그렇게 되지 않기를 바라. 어쨌든 나무로 만든 벽은 페르시아가 아테네에 오기 전에 그들의 발목을 잡을 수 있을 거야.

나는 헤라클레스의 피를 물려받은 후손으로서, 페르시아에 저항할 확실한 장소를 알아. 레오니다스와 나는 이미 오래전에 그곳을 정했어. 테르모필레 위의 산은 우리에게 신성한 곳이지. 우리 위대한 조상이 장작더미에 뛰어들어 스스로를 희생한 곳이니까. 그래서 우리는 수레 두 대가 겨우 지나갈 수 있을 만큼 좁은 테르모필레를 염두에 두었어.

아주 오래전 내가 어렸을 적, 람피토가 흙 위에 지도를 그려서 보여 주었던 때가 떠올라. 산과 바다가 어떻게 만나고, 비좁은 길이 어떻게 놓여 있는지. 그렇다면 페르시아인들이 진군하지 못하도록 막을 만한 곳이 어디일까? 적은 수로 대왕의 수백만 군을 멈추게 할 희망이 있는 곳. 레오니다스와 나, 둘 다 그곳이 우리의 유일한 기회라는 것을 알고 있었어.

그와 동시에 우리 생각을 알리고 설득해야 할 사람들이 많았지. 우선, 우리 국민들이었어. 스파르타인들은 멀리 이동하기를 싫어해. 국민들은 펠로폰네소스 반도에서 그리스 북쪽으로 이어지는 좁은 땅, 이스트무스에서 버티며 맞서 싸우기를 원하지.

그 다음은 아테네인들이야. 아테네인들이 테르모필레 옆 바다로 전함을 끌고 오도록 해야 했어. 그렇지 않으면 페르시아 함대가 육지로 이르는 길로 들어와 상륙할 수 있으니까. 그러면 그리스 다른 도시들까지 쳐들어 갈 거야. 결국 모든 이들이 페르시아 군대에 함락되기만을 기다리는 처지가 되겠지. 그중에서도 최악은 테베인들이야. 이들은 아테네인들을 돕느니 차라리 페르시아 편에 들 테니까.

하지만 모든 이들이 자유를 저버리지는 않아. 코린트와 용감한 플루티어를 비롯한 많은 그리스 도시들이 함께하기로 했어. 대회의가 열렸고, 레오니다스와 테미스토클레스 그리고 여러 동맹에서 온 지도자들이 참석했어. 회의에서 테르모필레를 차지하자는 주장이 강력하게 나왔어. 그곳 통로가 코린트 지협보다 훨씬 좁았으니까. 그러면 아테네를 버리고 갈 필요가 없다는 거야. 테르모필레에서 멀지 않을 곳에 유보이아라는 섬이 있는데, 그곳에 그리스 함대가 진을 치면 페르시아의 함대를 막을 수 있다면서 말이야. 육지와 바다에서 모두 막을 수 있다고 주장했어.

마침내 비관적으로 바라본 사람들마저 설득시켰어. 아테네 북쪽에서 야만인들을 막자는 의견을 따르기로 했지. 레오니다스가 테르모필레에서 군대를 이끌 예정이었어. 그리스 도시들이 뭉친 연합 함대는 유보이아로 향했지. 테미스토클레스는 지휘관으로 임명받지 못했어. 다른 도시들이 아테네를 시기했기 때문이야. 다들 아테네인의 지휘 하에 움직이기를 노골적으로 거부했지.

"스파르타만이 지휘할 것이다!"

이 말은 물론 테미스토클레스를 화나게 할 것이 뻔했지만, 한편으로는 매우 상식적인 것이었어. 누구나 스파르타의 지휘 능력이 탁월하다는 사실을 알고 있었으니까. 따라서 연합 함대의 지휘관으로 레오니다스의 친구인 에우리비아데스를 임명했지. 그가 항해술을 알지 못했고 심지어 한 번도 배를 탄 적이 없다는 사실은 아무런 문제가 되지 않았어. 그는 스파르타인이야. 그 점이 가장 중요했지.

우리 계획도 이렇게 정해진 것 같았지. 하지만 6월이 지나가도록 야만인들의 모습이 보이지 않았어. 그제야 우리는 문제가 생겼다는 걸 깨달았지. 8월에는 올림픽이 열릴 예정이었어. 이때에는 그리스의 모든 나라가 전쟁을 멈춘단다. 다른 도시의 국민들은 휴전하기를 거부할 테지만, 올림픽이 열리는 동안 전쟁에 나갈 스파르타의 군대는 없었어. 만약 올림픽을 무시하고 전쟁을 계속하면 이미 화가 잔뜩 난 제우스를 더 화나게 할 수 있거든. 하지만 페르시아 왕도 우리 결정을 존중하리라 기대할 수 있을까? 그럴 수 없었어.

6월에서 7월이 되었지만 페르시아가 가까이 오고 있다는 소식이 들려오지 않자, 우리는 더욱 초조해졌지. 그러다가 8월이 다가오고 올림픽 휴전이 시작되며 마침내 무시무시한 소식을 접하고 말았어. 크세르크세스가 올림피아 밑자락까지 왔다는 거야. 테르모필레에서 며칠이면 도착할 정도로 가까워졌지.

이제 더 이상 시간이 없었어. 아테네인들은 함대에 올랐단다. 플라티어인들은 경험은 적었지만 그만큼 열심히 배에 올라탔어. 연합 함대 전체가 유보이아 섬을 차지하기 위해 북쪽으로 향했어. 이곳에서 페르시아 함대를 막을 셈이었지.

그 사이에 모든 이들의 눈이 레오니다스에 쏠렸어. 그는 어떻게 할까? 레오니다스가 내게 말하기도 전에 나는 이미 알고 있었어.

"나는 모든 스파르타 군대를 이끌 수 없소. 제우스께서 우리 도시를 비난하며 망가뜨릴 것이오. 하지만 테르모필레를 맡아야 하는 내 임무도 저버릴 수 없지. 그래서 이렇게 하려 하오. 300명의 정예 부대와 함께 그곳의 좁은 통로로 갈 것이라오. 가면서 다른 도시에서도 힘을 보태 줄 군대를 모집하려 하오. '뜨거운 문', 테르모필레에서 올림픽 휴전이 끝날 때까지 내 의무를 다하겠소. 그 후에는 모든 스파르타 병력이 나와 함께 할 수 있겠지. 하지만 너무 늦어진다면, 음….”

그는 더 이상 말을 하지 않았어. 나도 그의 마음을 돌리려 하지 않았단다.

레오니다스는 다음 날 새벽에 떠났어. 나도 스파르타 영토 최북단까지 그와 함께 갔지. 그곳에서 300명의 정예 부대가 멀쩡하게 눈을 뜨고 함께 행군을 하고 있었지만, 나는 그의 뺨을 사랑스럽게 어루만졌어. 그리고 그의 전우들도 모두 들었을 테지만, 스파르타의 모든 여성이 전쟁터로 떠나는 남편에게 작별 인사를 건넸지.

“당신의 방패를 들고 돌아와요, 내 사랑. 그렇게 하지 못하면 그 위에 시신이 되어서라도 돌아와요.”

“그런데 폐하가 세상을 떠나시면, 우리 중 누가 살아서 폐하의 시신을 고향으로 가지고 온답니까?”

레오니다스 옆에 서 있던 아리스토데무스가 물었어. 모두 이 말을 듣고 웃음을 터뜨렸지.

그 뒤로 아무 말이 없었어. 레오니다스와 전우들은 계속 가던 길을 갔지. 옆을 돌아보지도 않았어. 나는 마냥 서서 그들을 바라보았어. 8월의 무더운 열기가 전사들을 금방이라도 집어삼킬 것 같았어.

“저들은 돌아오지 않을 거예요.”

나는 깜짝 놀라 뒤를 돌아보았지. 그곳에 피레네가 있었지. 요정은 창백한 얼굴에 눈은 푹 꺼져 있고, 완전히 녹초가 된 표정이었어.

“확실해요?”

내가 물었어.

"저는 예전처럼 신들은 물론이고, 그들이 하던 일과 가까운 관계에 있지 않아요."

피레네는 이렇게 말하며 힘없이 웃었어. 그 이유는 더 이상 설명할 필요가 없었지. 피레네가 아리스토데무스를 사랑한다는 사실을 아르테미스에게 들킨 게 분명했어. 여신이 그 상황을 너그러이 보고 넘기지 않았을 게 당연하고.

"그렇다고는 해도 이건 운명이에요."

"그리고 당신은요?"

내가 물었어.

"당신은 이제 어떻게 할 건데요?"

요정은 놀란 눈으로 나를 쳐다보았지.

"왕비께서는 어떻게 생각하시는데요? 왕비께서 하는 대로 할게요. 테르모필레로 가겠어요."

그렇게 말하고 요정은 사라졌어.

나는 잠시 홀로 서 있었지. 하늘에 태양이 떠오르고, 저 멀리 300명의 전사가 테르모필레로 향하면서 일으킨 흙먼지는 지평선에 희미한 자국을 남겼어. 내가 스스로를 이해한 것보다 피레네가 나를 더 잘 이해했다는 사실을 깨달았지.

나는 스파르타에 머물 수 없었어. 남들이 기대하는 그런 여성이 되어, 멀리 전쟁터에서 무슨 일이 일어나는지 마냥 기다리기만 할 수 없었다고. 다른 이들의 입을 통해 소식을 듣는 일은 이제 신물이 나. 무엇보다도 나는 스파르타 왕의 딸이자 제우스의 자손인 고르고야.

눈을 감자 몸이 떨렸고 온몸에 소름이 돋았어. 심장도 평소와 다르게 뛰었어. 나는 달리기 시작했단다. 늑대가 되어 힘차게.

〜{ 17장 }〜

테르모필레

전사들이 좁은 계곡 길로 내려가기 하루 전, 이미 땅이 흔들리고 있는 게 느껴졌어. 늑대가 되니 감각이 한계를 모를 정도로 예민해졌거든.

테르모필레에 도착한 뒤, 계곡 길 위 높다란 곳을 돌아다니며 안전한지 잘 살펴보았어. 적들이 몰래 다른 길로 들어와 레오니다스의 부대를 뒤에서 치면 안 되니까.

처음에는 다 괜찮아 보였어. 그러다 다른 길을 발견했지. 한쪽에서 다른 쪽으로 이어지는 길이 있었어. 두 번, 세 번 길을 따라가며 진짜 맞는지 확인했어. 그리고 나서 '뜨거운 문'이라 불리는, 테르모필레의 좁은 길로 뛰어 내려갔어. 온천에서 김이 모락모락 솟아오르는 가운데, 뒤틀리고 허여멀건 바위가 보였고 뜨거운 습기에서 나오는 알싸한 유황 냄새가 코를 찔렀어. 그곳에서 레오니다스와 전사들이 앞으로 치를 전투에 대비해 실전 연습을 하고 있었지. 레슬링 경기도 하고 무기로 연습을 하기도 했어. 머리도 빗었고.

야만인들은 아직 오지 않았어. 하지만 그때, 내가 아래로 내려가는데, 저 멀리에서 진동이 느껴졌어. 나는 귀를 쫑긋 세웠고 바로 그 정체를 알게 되었어. 수백만 군인들의 발걸음이었어. 페르시아 대왕이 이제 가까이에 온 거야.

내가 울부짖자 그 소리가 아래 계곡 길까지 울려 퍼졌어. 그러고 나서 절벽 한쪽을 살금살금 걸어 내려가 샛길 바로 위에 튀어나온 바위에 섰지. 레오니다스가 보였어. 그의 눈에도 내가 보였지. 우리 둘은 눈이 마주쳤어. 찌푸린 그의 얼굴을 보니 나를 알아본 게 분명했어.

그가 큰 소리로 명령을 내리자, 스파르타인 한 쌍이 나를 따라왔어. 나는 그들을 이끌고 오솔길로 갔지. 높이 올라갈수록 길이 구불구불했어. 가파른 데다가 좁은 길도 있었지만 두 스파르타 전사는 뒤처지지 않고 용케 올라왔어. 높이 올라갈수록 오르막길이 되다가 건너편으로 가면 또 내리막길이 되었지.

두 스파르타인은 돌아가서 불길한 소식을 전했어. 어려운 상황에서도 요령 있게 일을 해결하는 레오니다스는 결국 병력을 분산하기로 했지. 다른 도시에서 온 5,000여 명의 보병들이 테르모필레에서 그의 군대와 합류했어. 그중 1,000여 명을 오솔길로 보내 망을 보도록 했지. 나머지는 좁은 통로에 남아 있으라고 명령했어.

그제야 모두 땅이 흔들리고 있는 걸 느꼈지. 야만인들이 다가오고 있는 소리도 들렸어. 그런데 만 건너로 흙먼지가 파도가 되어 하늘 위로 솟아오르는 모습이 보였어. 순간순간 흙먼지가 우르르 몰려왔고 발 구르는 소리가 천둥처럼 울렸어. 그 천둥소리는 점점 더 가까워졌지.

"저기 좀 보십시오."

어느 한 도시에서 온 그리스인이 흙먼지가 일으키는 뿌연 연기 속에서 끝도 없이 나타나는 궁수들을 가리켰어.

"저들이 쏘는 화살이 태양을 뒤덮을 것만 같습니다."

그의 동료들은 이 말을 듣고 덜덜 떨었어. 하지만 스파르타인들은 꼼짝도 하지 않았지. 아리스토데무스는 그 말을 어깨너머로 듣고 그저 웃을 뿐이었어.

"좋아. 그러면 우리는 그늘 아래서 싸우면 되겠군."

그게 바로 스파르타의 방식이야. 우리는 절대 당황하지 않아. 테르모필레의 좁은 통로에 있던 다른 보병들이 다가오는 저 거대한 무리를 보고, 얼빠진 얼굴로 바라보며 초조하게 무기만 만지작거렸지만, 레오니다스와 300명의 정예 부대원들은 눈 하나 깜짝하지 않았지. 그저 바위 주변에 앉아 긴 머리카락만 매만질 뿐이었어. 내가 그들을 보고 얼마나 자랑스러웠던지!

이윽고 현장을 살피러 온 페르시아 병사가 테르모필레 입구까지 전속력으로 달려왔어. 스파르타인들은 페르시아 병사를 잡으려 하지 않았어. 현장을 살펴본 페르시아 병사는 놀란 얼굴을 감추지 못한 채 다시 자기네 부대가 있는 곳으로 달려갔어. 잠시 후, 한 사신이 밝은 가운을 입은 관리들 1,000여 명을 이끌고 다가왔어.

"우리에게 무기를 넘겨라."

사신이 안전한 거리에서 요구했어.

레오니다스는 발도 하나 까딱하지 않고 고개를 저었어.

"와서 가져가시지."

잠시 후 그는 절벽 한쪽, 내가 기다리고 있는 곳으로 올라왔어. 몇 주가 흐르고 처음으로 나는 인간의 모습으로 돌아왔지. 우리는 입을 맞추고 서로 얼싸안았어.

"날 보고도 별로 놀란 것 같지 않군요."

내가 말했어.

"놀라지 않았어."

나는 그를 더욱 꽉 껴안았지.

더 이상 길게 이야기할 시간이 없었어. 레오니다스는 갑자기 스파르타 왕에 걸맞은 목소리로 바꾸더니 북쪽으로 휜 해안가를 따라가라고 일렀지.

"조심하시오. 야만인들 눈에 띄지 않도록 하고. 에게 해가 한눈에 보이는 펠리온 산으로 가요. 거기에서 무엇이 보이는지 내게 말해 주오. 야만인들의 함대가 다가오는지, 얼마나 큰지, 만을 지킬 수 있는 결정적인 희망이 있는지도."

해가 떠오르자 나는 떠났어. 늑대가 되어 홀로, 모든 감각을 곤두세운 채. 이미 새벽빛이 밝아 오고 있었어. 아직 이른 아침이었지만 뜨거운 열기가 끓어오르고 있었어. 다행히 펠리온 산비탈에 가니 우거진 숲이 있었지. 하지만 나무 밑에 있어도 여전히 너무 더워 숨이 막혔어. 전체적으로 숲은 매우 고요했지. 자연스럽지 않고 무서울 정도로 고요했어. 나는 절벽에 이르러 숲을 빠져나왔지.

내 앞에 햇빛이 내리쬐 거울처럼 밝게 반짝이는 바다가 쭉 뻗어 있었어. 어디까지가 바다이고 어디부터가 하늘인지 알 수 없었지. 둘 다 너무나 푸르렀기 때문이었어. 바다 위에는 거대한 함대가 떠 있었어. 어찌나 거대하던지 잠깐 동안 신이 헛것을 보여 주는 게 아닐까 생각이 들었어. 내 발 아래 쫙 펼쳐진 배들이 진짜라고 믿기 힘들었지.

페르시아 함대가 마침내 오고 말았어. 나는 너무나 절망하여 쓰러질 것만 같았어. 저 수많은 배들을 어떻게 해야 막을 수 있을까?

그런데 내가 스스로에게 이런 질문을 던지는 순간, 그림자가 드리우는 느낌이 들었어. 고개를 들고 위를 바라보았지. 해가 사라지고 있었어. 구름이 해를 가려 버렸어. 하늘이 짙은 보라색으로 바뀌었지. 보라색은 마치 멍이 퍼지듯이 점점 진해졌어. 이윽고 먹구름이 온통 하늘을 뒤덮었지. 바다 저 멀리에서 비가 세차게 쏟아졌어. 파도가 둥글게 말리다 부서지는 모습이 꼭 흰 말의 갈기 같았어. 저 파도가 진짜 흰 말이라는 것을 알아챘지. 백마들이 마차를 끌고 있었어. 한손으로는 말의 고삐를 잡고, 다른 손으로 삼지창을 휘두르는 포세이돈이었어.

바다 저 깊은 곳에서 신이 솟아 나왔지. 그가 삼지창으로 바닷물을 치자 물이 끓어오르고 강풍이 불어닥쳤어. 조금 전까지만 해도 고요하고 반짝이던 바다가 순식간에 강풍으로 휘몰아쳤어. 페르시아 배들이 위아래로 마구 출렁거렸어. 아주 잠시, 바다의 주인이 에게 해에 나타나 주변을 가만히 바라보고는, 고삐를 흔들며 가 버렸지. 마차는 다시 깊은 바다 속으로 풍덩 들어갔어. 엄청나게 큰 번개가 번쩍 하는 순간, 파도가 훨씬 더 높이 솟아오르는 모습이 보였어. 내가 육지에 있어서 얼마나 다행이던지! 포세이돈이 자신에게 낙인을 찍고 쇠사슬을 떨어뜨렸다고 복수한 거야.

이틀 동안 폭풍이 거세게 일었어. 나는 나무 아래에서 세차게 내리는 비를 피하며 강풍에 두들겨 맞는 야만인들의 함대를 바라보았지. 마지막 바람이 잦아들고 날이 갰는데, 페르시아 왕의 함대가 피할 곳을 찾은 것 같아 실망스러웠어. 하지만 수많은 배들이 부서지고 산산조각난 꼴을 보고 안심도 되었어. 판자며 누더기가 된 돛, 버려진 노, 뒤집힌 시체가 물 위에서 둥둥 떠다녔지. 아마도 페르시아 함대의 절반은 부서지거나 뒤집혀, 바다 깊은 곳으로 빠졌을 거야.

테르모필레의 계곡 길로 돌아오며 내가 좋은 소식을 전하겠다는 느낌이 들었어. 레오니다스가 계곡 길 위로 올라와 내 소식을 듣자 그 예감은 더욱 확실해졌지. 그 역시 나와 같은 반응을 보였거든.

"우리 함대는 아직도 야만인들에 비하면 보잘 것 없소."

그가 조심스럽게 말했어.

"하지만 만에서 저들과 대적할 수 있을 정도로 만반의 준비를 갖춰야 하오. 분명히 크세르

크세스도 같은 결론에 이르렀을 테니. 이제는 이 길에서 양으로 밀어붙일 수밖에 없다는 걸 깨달았을 거요. 다시 말해 (이 대목에서 그는 계곡 길을 내려다보고는 다시 내게 시선을 돌렸어), 아침에 공격을 개시할 것이란 뜻이오."

"기다리는 게 이제 슬슬 지루해진 모양이군요."

레오니다스가 미소를 지었어.

"집으로 돌아가라고 말해도 소용없겠지?"

"그럼요."

그가 고개를 끄덕이고는 내게 입맞춤을 했어. 그러고 나서 아래 오솔길로 내려갔지. 나는 그제야 한숨을 돌렸어.

새벽이 되기 전에 반드시 산길로 올라가야 했어. 가능한 빨리 올랐지. 보병 수비대를 지나 걸음을 재촉하고 몇 킬로미터 더 달렸어. 길에 발자국이 없고 야만인들이 오른 적이 없다는 사실을 분명히 알고 나서야 왔던 길을 되돌아갔어. 다시 길을 내려와 테르모필레로 돌아갔지.

나는 바위투성이 곳에 몸을 쭉 뻗고 누워, 페르시아 왕이 테르모필레로 보낸 첫 번째 군대가 앞으로 다가오는 모습을 지켜보았지. 그들이 입고 있는 쇠사슬 갑옷을 보니 메디아에서 왔다는 것을 알 수 있었어. 그들은 키루스 2세가 힘을 떨치기 전, 한때 페르시아를 지배했으며 지금도 여전히 무시무시한 전사들이야. 이들이 움직이자 마치 강철 물고기처럼 갑옷이 반짝였어. 군사들은 거대한 떼를 이루어 나아갔어. 그렇지만 수가 이렇게 많으니 스스로도 감당을 할 수 없었어. 계곡 길은 너무 좁았으니까. 메디아군은 우리 보병이 보잘 것 없는 규모로 길을 가로막아도 어떻게 공격할 수가 없었지. 오히려 이들 앞에는 청동으로 만든 벽이 육중하게 놓여 있는 것과 마찬가지였어.

정말이지 살기등등한 광경이었어. 저런 전투는 한 번도 본 적이 없었지. 레오니다스와 300명의 정예 부대들이 야만인들의 공격에 정면으로 맞서는 모습을 보고 나서야, 스파르타인들을 늑대로 만든 리쿠르고스의 깊은 식견을 제대로 이해했지. 지옥이나 다름없는 '뜨거운 문', 테르모필레로 과감히 몸을 던진 메디아군도 용감했지만, 이들은 다른 선택을 할 수 없었어. 그저 맞서서 죽인다. 스파르타인들은 어릴 때부터 이렇게 하도록 자랐어.

말 그대로 끔찍한 살육의 현장이었어. 메디아군은 적과 맞서는 곳과 가까워지려면 전우의 시체를 밟고 올라가야 한다는 걸 깨달았어. 병사들이 시체는 점점 더 높이 쌓였지. 시체는 피범벅이 되어 미끄러웠어. 야만인들은 시신을 짓밟고 갈 수밖에 없었단다. 여기저기 장기가 드러나고 널브러진 팔다리로 엉망진창이었지.

마침내 트럼펫이 울렸어. 메디아군이 물러나자, 스파르타 전사들은 이제야 마음을 놓을 수 있었어. 테르모필레를 안전하게 지킬 수 있었지. 물론 스파르타인들은 땀과 피에 절은 상태에서도 끝까지 몇 시간이고 버텼단다.

전투가 벌어졌던 그 길고 긴 첫날, 레오니다스는 자신이 지휘하는 군대를 교대시켰어. 정말 너무나 침착하고 멋지지 않니! 페르시아 대왕은 여전히 군사를 보내 테르모필레 계곡 길을 싹 쓸어버리라고 명했어. 그러다 그곳에 이미 그림자가 드리우며 레오니다스가 하루 종일 기다려 온 그 순간이 왔어. 아시아 전역에 걸쳐 뽑은 최고의 전사들에 맞서 자신을 시험할 기회 말이야.

페르시아 이모탈 정예 부대는 공작새 색깔을 띤 반짝이는 가운을 입고 계곡 길로 진군했어. 이들이 다가오는 모습을 보며 나는 두려우면서도 뿌듯한 기분이 들었지. 이모탈 부대가 들고 있던 무기는 보석이 장식되어 매우 아름다웠어. 이들의 규율은 스파르타군 만큼이나 빈틈없었지.

그래도 아직 300명의 스파르타 정예 군사를 무너뜨릴 수는 없었어. 우리 용사들이 보여주는 기술이 얼마나 빼어난데! 공포에 질려 뒤돌아서서 후퇴하는 척하다가, 적이 승리에 취해 밀려들면 그 순간 휙 몸을 돌려 이모탈을 쓰러뜨리는 거야. 나는 자랑스러운 감정을 숨길 수 없었지. 그때 마침내 적들이 물러났고, 길은 여전히 내 남편의 손안에 있었어.

레오니다스가 해냈어. 그가 테르모필레를 지켜 냈지. 왕 중의 왕을 상대로 용감하게 맞선 거야.

18장

최후의 저항

물론 다친 병사도 많았어. 대부분은 최전선에서 멀리 떨어졌지. 그래도 일부는 부상을 참고 싸웠어. 이제 어둠이 내려앉고 전투가 끝이 나서야 몸을 추스를 수 있었어.

아리스토데무스가 창에 기대 축 늘어져 있는 모습이 보였지. 허벅지에 부러진 화살대가 박혀 있었어. 그는 칼을 들고 화살대를 잘라 버리려 했어. 그때 환한 빛이 물결치며 나타나지 뭐야. 내가 눈을 깜빡이고 다시 떠 보니, 아리스토데무스가 피레네의 품에 안겨 있었지. 화살대는 사라지고 없었고, 땀과 피도 깨끗하게 싹 씻겨 없어졌어. 그 후 요정은 사라져 버렸지.

"그가 죽게 내버려 두지 않을 거예요."

내가 뒤를 돌아보니 요정이 있었어.

"왜 여기에 앉아 있어요?"

요정은 우리 뒤 절벽을 화난 듯 가리켰지.

"산 뒤의 오솔길이 저절로 우리를 막아 줄 거라 생각해요?"

요정은 그렇게 말을 남기고는 사라졌어.

요정의 말을 듣고 부끄러워졌어. 나는 일어나 오솔길을 따라갔지. 레오니다스가 산등성이에 배치해 놓은 요새를 빠르게 지나 계속 길을 따라갔어. 요새에는 아무도 없었어. 바람에 나풀거리는 횃불도 없었고 병사들의 발걸음 소리도 들리지 않았지. 밤새 나는 보초를 섰어. 그 다음 날에도 그랬지.

잠을 잘 때에는 악몽에 시달렸어. 꿈에서 배가 떠 있는 흑해가 보였어. 스파르타가 불타오르고 있었어. 나는 소스라치게 놀라 잠에서 깼지. 여전히 어둡고 고요했어. 길 아래로 내려가 보니 또 다른 전투가 벌어졌다가 끝났다는 걸 알 수 있었지.

레오니다스는 아직 테르모필레 좁은 통로에서 전투를 이끌고 있을까? 페르시아인들이 뚫고 지나간 건 아닐까? 산 위에 너무 높이 있어서 도대체 무슨 일이 있었는지 알 길이 없었어. 나는 일어섰어. 어떻게 되었는지 알고 싶어서 도저히 참을 수 없었지. 이제 막 돌아서려는데, 온몸이 얼어붙고 말았어.

소리가 들렸어. 희미하지만 틀림없었어. 발아래에 마른 나뭇잎이 서걱거리는 소리였어. 나는 오솔길 옆으로 살금살금 기어갔지. 이제 저 멀리에 횃불이 보였어. 점점 가까이 갈수록 등골이 서늘해졌어. 누구인지는 몰라도 엄청난 속도로 진격하고 있었어. 그러다 그들을 보았지. 무늬가 있는 가운, 보석이 박힌 무기. 페르시아 군대인 이모탈이었어!

그들과 함께 걸어가며 길을 안내하고 있던 자는 그리스인이었어. 그가 입고 있던 옷으로 보아 근처에 사는 농사꾼 같았어. 아마도 페르시아인들이 가는 모습을 보고 싶어서 그랬는지도 몰라. 아니면 황금에 눈이 멀어 반역자가 되었을지도. 뭐가 되었든 적에게 중요한 정보를 넘긴 게 분명했어.

망설일 시간이 없었어. 나는 오솔길을 지키고 있던 수비대로 돌아갔지. 내가 그들에게 다가가며 인간의 모습으로 다시 변했어.

"이모탈이, 이모탈이 오고 있어요!"

내가 큰 소리로 외쳤어.

병사들 대부분은 잠들어 있었어. 잠에서 깬 병사들이 눈앞에 스파르타 여성이 있는 것을 보고 소스라치게 놀랐지만 내색은 하지 않았어. 내가 어디에서 나타났는지 궁금해 하면서도 정신없이 무기를 찾고 군모를 끌어 쓰기에 바빴지. 지휘관이 소리를 질렀어. 나는 지휘관과 군사들이 언덕배기로 후퇴하는 모습을 어리둥절한 표정으로 바라보았지.

"어디로 가는 거예요?"

내가 큰 소리로 물었어.

"우리가 여기에 있으면 갈가리 찢겨 나갈 거 아니오."

지휘관이 대답했어.

"하지만 그러면 아무도 이모탈을 막지 못하잖아요!"

지휘관이 어깨를 으쓱했어. 이미 그는 내게 등을 돌리고 말았지. 나는 절망에 빠져 바라보다 언덕 위로 서둘러 올라가는 수비대의 모습을 보고 분노했어. 하지만 그때 잠시뿐이었지. 나는 울부짖기 시작했어. 울부짖음은 내가 깨닫기도 전에 늑대의 울음소리로 변했단다. 또다시 핏줄 속에 야생의 피가 흐르는 것이 느껴졌어.

그 길로 나는 달렸어. 테르모필레 계곡 길에 다다르자, 아직 스파르타가 이곳을 지키고 있는 모습을 보고 안도했지. 나는 인간의 모습으로 돌아와 곧장 레오니다스에게 달려갔어.

"산길로?"

그가 물었어.

"이모탈이었어요."

그는 숨죽여 욕을 중얼거렸어. 하지만 그는 평정을 유지하며 평소 군사 훈련하듯 냉철하게 판단했어. 그리고 씩씩하게 명령을 내렸지. 그와 함께 싸우던 4,000여 명의 군사와 300명의 부대들은 즉시 후퇴했어. 그리스는 아직 그들의 군대가 필요하니까.

"당신이 살아남는 게 중요해요. 그래야 다른 날에 또 싸울 수 있으니까요. 그러니까 지금 떠나요. 후퇴하는 동안 페르시아군의 발목을 잡을 수 있다면, 그 사이에 안전한 곳에 닿을 수 있을 거예요."

이 말을 듣고 일부 파견 부대에서 반발하며 들고 일어섰어. 레오니다스는 이들이 자기 곁에서 죽을 때까지 싸우겠다는 마음이 확고한 것을 알고 무뚝뚝하게 고개를 끄덕이고는, 그대로 머물러도 된다고 허락했어. 남은 병사 약 3,000명은 탈출하기 시작했지. 이들은 되도록 빨리 움직였고, 시야에서 사라지기까지는 오래 걸리지 않았어.

스파르타군과 남은 병력은 테르모필레 좁은 통로를 외로이 지켰어. 야만인들이 머지않아 그들에게 오리라는 것을 알고 있었지. 레오니다스는 병사들에게 아침을 든든히 먹으라 일렀어.

"오늘 밤 우리는 하데스와 만찬을 즐기겠지."

나도 그의 곁에서 죽을 각오를 하고 있었지만, 그가 막아섰어.

"당신은 지금 가야 하오. 바람처럼 빠르게 달려가시오. 아테네인들에게 곧 폭풍이 불어닥친다고 경고하시오, 얼른."

나는 저항하려 했지만 레오니다스가 손가락으로 내 입술을 막았어.

"가요."

그는 한 치의 다툼도 허락하지 않겠다는 말투로 말했어.

내가 생각해도 더 이상 따져 봤자 소용이 없었어. 게다가 그의 말이 옳다는 걸 가슴 깊이 느끼고 있었지. 남편 곁에서 목숨을 잃는 것보다 국민들을 위해 일을 해야 마땅하다는 사실을 말이야. 나는 그를 껴안고 입을 맞추며 사랑한다 말하려 했어. 하지만 그건 스파르타의 방식이 아니야. 군사들 앞에서 그를 부끄럽게 하고 싶지 않았지. 그런 순간에는 더더욱 말이지.

"작별을 고합니다. 스파르타의 왕이시여."

테르모필레 북쪽에서 우렁찬 트럼펫 소리가 들려왔어. 야만인들이 계곡으로 진군할 준비를 하고 있었지. 레오니다스는 군모에 손을 뻗으며 힘차게 명령을 내렸어. 군모를 아래로 끌어 내리는데, 동시에 스파르타군 쪽에서 고통스러운 비명소리가 들렸어.

"눈이 안 보여! 안 보인다고!"

한 남자가 손으로 눈을 가리며 앞으로 비틀거렸어. 누구인가 보니 아리스토데무스였지. 레오니다스가 욕설을 내뱉었어. 그리고 내게 고개를 돌렸지.

"당신이 돌봐 주시오."

레오니다스는 방패와 창을 들더니 야만인들이 오고 있는 방향으로 군사들을 이끌었지. 그들은 대형을 이루고 싸우기만을 기다렸어.

그 사이에 나는 남편이 지시한 대로 아리스토데무스를 부축했어.

"나랑 같이 가요."

내가 작은 목소리로 말했어.

"왕비님?"

"그래요, 나예요."

"저를 전선에서 끌어내리지 말아 주십시오. 어쨌거나 저는 죽을 운명입니다. 저를 전쟁터로 데리고 가 주십시오."

순간 나는 어찌할 바를 몰라 잠시 말을 멈추었어. 그런데 피레네가 나타나 나를 옆으로 밀어 쓰러뜨리고는, 아리스토데무스를 품에 안았어.

"당신이 죽게 내버려 두지 않을 거예요, 결단코."

그 말을 남긴 채 피레네는 아리스토데무스를 데리고 사라져 버렸어. 나도 오솔길을 따라 달렸지. 오솔길에는 아무도 없었어. 나는 다시 늑대로 변신해 절벽 위를 뛰어올라 이들을 찾을 수 있을지 살펴보았어. 하지만 요정도, 아리스토데무스의 흔적도 온데간데없었어.

그곳이 남편의 죽기 전 마지막 전투를 볼 수 있는 위치가 아니었다면, 나는 진작 떠났을 거야. 남편은 트로이의 영웅처럼 싸웠어. 그와 전사들 모두 1,000여 명이 수백만 명 군사를 상대로 말이야. 열세를 뛰어넘는 용기였어.

마침내 레오니다스가 쓰러지고 야만인들이 승리했다는 환호성이 울려 퍼졌어. 스파르타인들은 그의 시신을 그냥 두지 않고 어떻게든 손으로 끌고 가려 했지.

허공에 코를 대고 냄새를 맡으니, 그의 피 냄새가 나는 듯했어. 아마 내가 인간의 모습이었

다면 목 놓아 울었을 거야. 하지만 스파르타인으로서 그럴 생각을 할 겨를은 없었어. 그의 시신이 침략자들의 손에서 수습되기가 무섭게 야만인들의 우렁찬 고함이 밀려들어 왔으니까. 또 스파르타 군사들의 어깨 너머에서는 이모탈이 절벽을 내려와 도착하는 모습이 보였지.

이제 사방이 포위된 스파르타 군사들은 작은 언덕으로 물러났어. 여기서 그들은 마지막 항쟁을 벌였지. 군사들이 들고 있던 창은 이미 산산조각 나고 검도 부러졌지만, 단검으로라도 싸움을 멈추지 않았고 혹은 주먹으로, 심지어 이로 물어뜯으며 싸웠어. 최후의 한 사람이 쓰러지고 나서야 마침내 전투는 끝이 나고 말았지.

나도 이제 자리를 떠나야 한다는 걸 깨달았어. 하지만 그럴 수 없었지. 대신 내가 있던 바위에 힘없이 기대어, 흰말 위에 육중한 남자가 길을 지나가는 모습을 지켜보았어. 그의 옷은 그 누구와 비견할 수 없을 정도로 장대했고, 옷에 장식한 보석은 햇빛에 비쳐 반짝였어. 그가 누군지는 대번에 알아차렸지. 바로 크세르크세스였어. 데마라토스가 보고한 대로, 마치 신과 같은 자태를 뽐냈어.

그는 스파르타 군사의 시신이 쌓여 있던 곳에서 잠시 멈추더니, 뭐라고 알 수 없는 말로 명령을 내렸지. 한 남자가 앞으로 걸어갔어. 나는 그 남자를 보자 충격과 공포로 이루 말할 수 없었어. 그는 시신을 뒤지기 시작했단다. 그러더니 소리를 질렀어. 페르시아 군사 네 명이 그에게 얼른 달려가 시신을 하나 꺼냈지. 시신을 크세르크세스가 볼 수 있을 정도로 높이 들렸어. 그 시신의 주인은 레오니다스였어.

나는 어찌해야 좋을지 알지 못했어. 그저 울부짖을 뿐이었지. 크세르크세스는 안장 위에서 매우 흡족해하며 주변을 둘러보았어. 그러더니 고개를 한 번 끄덕였지. 그때 데마라토스가 검을 빼내더니 내 남편의 머리를 싹둑 자르더군. 그는 남편의 머리를 창 위에 꽂고 창 끝을 땅에 박았어. 레오니다스의 공허한 눈빛이 대학살의 현장을 향하고 있었지.

이제 나도 볼 만큼 보았어. 그제야 살금살금 움직이며 자리를 떴지. 아테네에 얼른 이 슬픈 소식을 전해야 했어.

〈 19장 〉

유령의 마을

완전히 지친 데다 슬픔에서도 헤어나기 힘들었지만, 나는 인간 전령을 앞질러 나갔어. 내가 처음 늑대가 되었을 때에도, 레오니다스와 스파르타의 산 위를 올랐을 때에도 지금처럼 빨리 달린 적이 없었어.

아테네에 도착한 나는 그곳 사람들에게 어떻게 내가 테르모필레에서 처참하게 무너진 현장을 보게 되었는지, 무슨 수로 아테네에 이렇게 빨리 올 수 있었는지 설명할 시간이 없었어. 테르모필레에서 일어난 소식을 전한 사람이 스파르타 왕의 아내라는 사실은 그들에게 특별히 놀라운 일이 아닌 것 같았지. 워낙 흉흉한 시절이라 그저 당연하게 받아들였어. 나는 아테

네인들에게 진심 어린 존경과 환대를 받았단다. 이들은 내 말을 주의 깊게 들었어. 내가 소식을 모두 전하자, 마을의 소식을 알리는 관리들은 거리로 내려가 사람들에게 서둘러 도시를 떠나라고 알렸어.

나는 항구로 내려갔어. 겁에 질린 여자들과 우는 아이들이 부두로 밀려들었고 개들도 여기저기에서 짖어 댔지. 바다는 온갖 종류의 배로 가득했어. 만 밖으로 나간 배들은 끊임없이 흐르는 물줄기를 따라 아테네 만을 건너, 펠로폰네소스 반도에서 가장 가까운 도시인 트로이젠으로 향했어.

그런데 한창 탈출하던 중에 아테네 함대가 항구로 들어왔어. 아테네 함대는 3주 동안 테르모필레 앞바다에서 다른 그리스 함대와 함께 머무르며, 페르시아 함대를 상대로 전투선을 지키고 있었지. 이제 레오니다스가 전사하고 계곡이 점령되었다는 소식이 들어오자 어쩔 수 없이 돌아온 거야. 테미스토클레스가 내게 말하길, 다른 그리스 함대는 살라미스 섬으로 방향을 바꾸었대. 아테네 함대는 수리하고 아테네 가족들을 트로이젠에 데리고 가느라 잠시 정박한 것뿐이었어.

모든 그리스의 해군 제독들은 전쟁 협의회를 열었어. 생사가 달린 질문은 딱 하나였지. 살라미스에 주둔하여 아테네 바다에서 페르시아군에 맞서 싸울 것인가, 아니면 펠로폰네소스 반도로 후퇴하여 그곳에서 페르시아군을 맞을 것인가?

"왕비님께서도 우리와 합류하시리라고 생각해도 되겠습니까?"

테미스토클레스가 내게 물었어.

"저는 스파르타로 돌아가려 했는데요."

"왜 그러시는지 여쭤봐도 될까요?"

테미스토클레스가 눈썹을 치켜올렸어.

"전쟁터에서 여성이 싸울 자리는 없으니까요."

"하지만 왕비님은 여느 평범한 여성이 아닙니다. 헤라클레스의 자손이지 않습니까. 클레오메네스 폐하의 따님이시며, 레오니다스 폐하의 아내이시기도 하지요. 그리스는 왕비 마마가 필요합니다."

나는 미심쩍은 눈으로 테미스토클레스를 쳐다보았어.

"무슨 속셈이죠?"

그는 천진난만한 얼굴로 물었어.

"속셈이라니요?"

"그래요. 대단한 제독께서, 왜 바다에 한 번도 가 본 적이 없는 여자를 필요로 하느냐고요?"

테미스토클레스가 씩 웃었어.

"솔직하게 말씀드려도 될까요?"

"과거에 내게 솔직했던 만큼 말해야 해요."

"감사합니다, 왕비 마마. 마마가 필요한 이유는, 누구라고 꼬집어 말하고 싶지는 않지만, 제 동료 제독들이 멍청이라서 그렇습니다. 물론 용감하기는 하지만 영리하지 않아요. 펠로폰네소스 반도에서 온 군사들은 살라미스 앞바다에서 싸우기를 바라지 않아요. 흩어져서 자신의 고향으로 돌아가서는, 그곳에서 버티기를 원하지요. 하지만 그렇게 하다가는 그리스는 무너지고 말 거예요. 우리는 함께 단결하여 맞서야 합니다. 저들은 내 말을 듣지 않을 거예요. 그래서 제 3자가 나서야 합니다. 아테네인이 아닌 누군가요. 여기에서 스파르타 왕비 말고 더 좋은 이가 어디에 있을까요?"

나는 오랫동안 아무 대답도 하지 않았어. 테르모필레 저 위에서 꾸던 악몽을 떠올렸지. 배로 가득 찼던 흑해 그리고 화염에 휩싸이던 도시를 말이야.

"살라미스 해협에서 버티며 싸워야 승리할 확률이 가장 높다고 확신하는 건가요?"

마침내 내가 물었어.

"그게 유일하게 승리할 수 있는 방법입니다, 마마. 테르모필레에서 보셨을 텐데요. 길목이 너무 좁아서 불리한 상황에서도 도움이 된다는 사실 말입니다. 페르시아의 압도적인 수도 힘을 떨치지 못했어요. 페르시아 함대를 살라미스 섬과 본토 사이의 좁은 해역으로 끌어들일 수만 있다면, 아무리 엄청난 규모인들 힘을 쓰지 못하게 될 뿐만 아니라, 페르시아에 결정적인 타격이 될 겁니다. 야만인들은 서로 부딪혀 무너질 거예요. 그들이 젓는 노는 얽히고설키겠죠. 그러면 크세르크세스를 만에 묶어 놓는 것은 물론, 심각한 피해를 줄 수 있어요. 이것이 우리의 유일한 기회입니다. 하지만 동료 제독들을 설득하려면 마마가 있어야 해요. 그리스는 왕비 마마가 필요합니다."

저렇게 간청하는데 어찌 거부할 수 있을까? 솔직히 말해서 우쭐한 감정을 감출 수 없었어. 물론 스파르타인은 아첨에 흔들리지 않아. 우리는 이런 일에 매우 냉정하고 공정한 법이야. 아니, 사실은 다른 이유로 그의 말에 끌렸어. 앞을 내다볼 줄 아는 그의 판단력과 명석함 덕분에 나는 테미스토클레스를 신뢰했어. 배나 항해 따위는 모르지만, 이 아테네 제독의 판단력만큼은 충분히 파악하고 있었지. 나는 받아들이겠다는 뜻으로 고개를 약간 기울였어. 테미스토클레스 역시 감사하다는 뜻으로 내게 꾸벅 인사했지.

우리는 거리로 나갔어. 그가 나를 항구로 데리고 갈 줄 알았는데, 놀랍게도 구불구불한 길을 지나 아크로폴리스 옆으로 이끌지 뭐야. 정상에 오르자 수많은 남자들이 안에서 방어벽을 치고 있는 모습이 보였어. 테미스토클레스가 저들을 가리켰지.

"우리가 아폴론에게서 받은 신탁 기억하십니까? 그때 아폴론께서는 '나무로 만든 벽'을 말씀하셨죠. 그 문구는 우리 함대를 말한 거나 다름없어요. 하지만 여기에 있는 사람들은 나무 울타리라고 생각하지요. 그래서 이들은 아크로폴리스를 떠나기를 거부하고 있어요. 여기에 머물며 죽을 때까지 싸우려 할 거예요. 반드시 그래야 한다면서요."

그가 음울한 표정으로 미소를 지었어. 그는 방어벽을 치고 있던 사람들과 인사를 나누고는 바위 정상을 건너 계속 나아갔어. 어린 여자아이들 무리가 가지가 넓게 펼쳐진 올리브 나무 옆에 모여 있었어. 테미스토클레스는 좀 전에 인사를 나눈 것처럼 아이들과도 인사를 했어.

"뱀이 왔다는 소식은?"

그가 묻자 여자아이들 중 한 명이 고개를 가로저었어.

"아테네의 뱀을…."

테미스토클레스가 내게 말했어.

"기억하십니까? 우리가 처음 만났을 때 뱀에 대해 물으셨지요? 우리 도시가 시작된 이래 매일 여자아이가 신성한 바위에 올라 뱀에게 꿀로 만든 케이크를 먹이로 준다는데, 사실인지 궁금해 하셨지요. 저는 사실이라고 말했고요. 지금은 뱀이 사라졌다는 것만 빼고요. 뱀이 어디로 갔는지는 아무도 몰라요. 아이들도 여기에서 뱀이 돌아오기만을 바라며 기다리고 있어요. 우리 조상이 세운 신전 한가운데, 아테나 여신이 심은 올리브 나무 옆에서 기다리지요. 아이들은 절망하기 싫어서 기다리는 거예요."

"페르시아가 들어오라 하지요. 아크로폴리스를 포위하라 해요. 모조리 불태우고 정상에 있는 모든 이들을 다 죽여도 내버려 둬요. 그래도 이 소녀들이 보여 준 용기는 사라지지 않을 겁니다. 아이들의 용기가 곧 국민들의 용기예요. 아마 우리가 페르시아 함대를 무너뜨리고 이곳 성채로 돌아와 우리 도시를 되찾을 때, 뱀도 돌아올 겁니다. 저는 아테나가 우리를 버렸다는 말을 믿지 않습니다. 믿을 수 없어요. 이것이 끝이 아닙니다, 결코."

그가 말을 마친 순간, 망을 보는 사람이 비명을 질렀어. 북쪽을 바라보니 수평선 너머로 연기가 높이 치솟아 오르는 모습이 보였지. 흙먼지가 자욱했어.

"페르시아군이다."

테미스토클레스가 중얼거렸어.

"어서요, 왕비님. 더 이상 머뭇거릴 시간이 없어요."

그는 나를 이끌고 아크로폴리스를 내려와 도시로 향했어. 도시는 이미 텅 비어 있었지. 아테네는 유령의 마을이 되고 말았어. 나는 스파르타인이면서도 두근대는 가슴을 진정할 수 없었어. 갑자기 말발굽 소리가 들리면 어쩌나? 메디아의 기마 부대가 이제 곧 들이닥칠 터였어.

다행히 우리는 항구에 무사히 도착했어. 그곳에는 작은 배에 필사적으로 몸을 구겨 넣는 가족들이 아직도 있었지. 테미스토클레스는 나를 자신의 함대로 데리고 갔어. 우렁찬 명령 소리와 함께 노가 바다를 때리기 시작하고, 우리는 항구에서 빠져나갔어.

고개를 돌려 바닷가를 바라보니 새끼 곰 세 마리가 해변에 모여 있는 모습이 보이더군. 그중에 하나는 노를 저어 가는 배를 보며 울부짖었어. 곰은 물가에서 첨벙이며 헤엄을 치려 하다가 절망하는 눈빛으로 돌아갔지. 한 여인이 배에서 일어나 흐느껴 울었어. 새끼 곰은 마지막으로 한 번 울부짖고는 몸을 돌려 총총거리고 떠났어. 나는 곰 세 마리가 모두 근처 숲속으로 사라질 때까지 마냥 서서 바라보았지. 그 순간에 여자아이가 아니고 곰이라서 차라리 더 안전하겠다는 생각이 들었어.

나는 고개를 돌려 서쪽을 바라보았어. 우리 앞에 살라미스 섬이 보였지. 살라미스 섬은 육지에서 약간 떨어져 있었어. 아티카에 속해 있었지만 분리되어 있었지. 해협은 육지와 섬 사이에 있었는데, 테미스토클레스가 말한 대로 정말 좁았어. 도대체 페르시아 왕은 왜 저렇게 비좁은 바닷길을 선택했는지 의아했어. 우리를 섬에 굶어죽을 때까지 묶어 놓을 수 있다고 생각하는 거겠지? 그렇게 한다면 그 다음은? 그리스에게 무슨 희망이 있을까?

나는 테미스토클레스를 힐끗 보았어. 그에게 계획이 있을 거야. 그렇지 않으면 아테네뿐만 아니라 스파르타까지 불행한 결말을 맞을 테니까.

20장

살라미스 해전

그 누구도 살라미스 섬에 가고 싶어 하지 않았어. 고향에 가고 싶었던 펠로폰네소스 사람들은 갇혔다는 느낌이 들었지. 이들은 해협으로 배를 몰았어. 배를 아티카와 맞닿은 해변에 끌어 올렸어. 그곳에서 아테네인들과 함께 싸우겠다고 했지. 하지만 내켜서 동의한 사람은 아무도 없었어. 페르시아 함대는 언젠가 반드시 오리라는 것을 알았으니까 어쩔 수 없었던 거야.

위험은 매우 커 보였어. 우리는 매일 전략 회의를 했고, 펠로폰네소스 반도 사람들은 매일같이 조바심을 내고 불평을 터뜨리며 테미스토클레스에게 손가락질했어. 코린트의 제독이 특히 분개했지.

"대왕은 우리가 해협에서 탈출하는 길을 막으라고 명령할 거요. 그러면 우리는 하수관에 갇힌 생쥐 꼴이 되고 말겠지. 그 사이에 펠로폰네소스 반도에 있는 우리 도시들은 방어도 못하고 무너진단 말이오. 우리는 아테네 바다에서 목숨을 잃을 테고. 도대체 어쩌란 말이오? 아테네를 위해 죽으란 말인가!"

매번 테미스토클레스는 인내심을 가지고 전략을 설명해야 했어. 훨씬 규모가 큰 페르시아 함대를 무찌를 유일한 방법은 함대를 해협으로 유인하는 것뿐이라며. 그곳은 함대의 큰 규모가 도움이 되지 않을 테니까. 매번 그는 펠로폰네소스 반도 사람들을 진정시키려 애썼지만 힘에 부쳤다. 그 모습을 보고 왜 테미스토클레스가 나와 함께 살라미스 섬에 가고 싶어 했는지 알 수 있었어. 그리스 함대를 정식으로 지휘하는 스파르타의 에우리비아데스는 도움이 되지 않았지. 그는 가능한 중립을 지키려고 했지만, 다른 펠로폰네소스 동맹군처럼 아테네 바다에서 싸우는 데 그다지 열의를 보이지 않았어. 결국 내가 테미스토클레스를 돕게 되었지. 그래, 나는 여성이야. 하지만 스파르타 왕의 딸이며 왕의 미망인, 그러니까 전쟁으로 왕인 남편을 잃은 입장이기도 해. 펠로폰네소스 동맹군들은 내가 레오니다스의 권위를 대신하여 말한다는 것을 알아. 그래서 그들은 내 말에 귀 기울였지.

스트레스에 시달리고 있던 이들은 펠로폰네소스 동맹군들뿐만이 아니었어. 살라미스 섬과 그들이 사랑하는 도시 사이에는 에갈레오라는 산이 솟아 있었지. 그 말은 이 산 위에 오르면 아테네에서 일어나는 일을 훤히 볼 수 있다는 뜻이야. 그런데도 동맹군은 살라미스 섬에서 바다를 건너 아티카로 첩자를 보냈어.

이들은 도시가 점령되었다는 것을 알게 되었지. 페르시아군이 도착한 거야. 메디아의 기마 부대가 달가닥 소리를 내며 텅 빈 도시로 들어왔어. 그 다음에는 보병 부대였어. 수많은 군사들이 아티카 전역에서 진을 쳤지.

페르시아 수사에서부터 내내 자신의 이동식 왕궁을 가져온 왕 중의 왕, 크세르크세스는 아크로폴리스 아래에 군대가 자리 잡고 머무를 병영을 차렸어. 그곳에서 아크로폴리스 바위를 습격하라고 지시하고, 말뚝 울타리 뒤에서 방어하고 있던 사람들을 없애 버렸지. 아크로폴리스는 도시에서 가장 중요한 곳이었어. 이곳에서 페르시아에 저항하는 한, 아테네는 완전히 무너졌다 볼 수 없었지. 하지만 살라미스 섬에 피난을 온 아테네인들은 매번 최악을 생각했어. 이들은 아테네가 무너지는 것이 시간문제라며 공포에 떨었단다.

결국 그 순간이 찾아왔어. 해변을 따라 걷는데, 낮고 끔찍한 신음이 들렸어. 해변에 줄지어 서 있던 사람들 모두 한곳을 가리켰지. 나는 고개를 돌리고 바라보았어. 에갈레오 산 너머로 검은 연기가 기둥처럼 솟아오르고 있었어.

"아크로폴리스가…."

한 아테네인이 울부짖었어.

"아크로폴리스가 불타고 있어."

아테네인이 말한 그대로였어. 페르시아 군사들이 바위벽을 모두 무너뜨리고 말았지. 안에서 방어를 하고 있던 사람들은 모두 죽음으로 몰렸어. 신전, 기념물, 아테네의 올리브 나무 등 정상에 있던 것은 모조리 불타올랐어. 아테네를 수호하던 여신은 이곳을 버리고 떠났지. 아테네는 마침내 멸망하고 말았어.

그 뒤 며칠 동안 도시는 하나둘씩 차례로 사라져 갔어. 살라미스 섬 건너 불타는 건물에서 치솟은 연기는 태양을 가렸어. 섬에 있던 모든 것들은 그림자가 삼키고 말았지. 자신의 집과 신전이 무너지는 모습을 속수무책으로 바라보고 있던 아테네인들은 괴로워 어쩔 줄 몰랐어. 펠로폰네소스 반도의 동맹국들은 자신들의 도시도 같은 운명에 처해지리라는 생각에 미칠 듯이 괴로워했지.

공포에 공포를 더하기라도 하듯, 페르시아 함대가 항구를 떠났고 살라미스 섬으로 쳐들어 갔어. 거대한 함대가 해협 출구 주위에서 돌아다니기 시작했어. 우리 함대는 코린트 제독이 경고한 것처럼 완전히 봉쇄되고 말았고 탈출구는 없었지. 펠로폰네소스 반도 동맹군은 폭발했어. 사람들은 코린트 제독이 테미스토클레스를 공격할지 모른다는 우려에 억지로 떼어 놓아야 했어.

나는 평온을 유지했어. 사실은 절망에 찬 고통이 점점 커져서 감추려고 했을 뿐이야. 처음으로 테미스토클레스의 계획이 의심스러워지기 시작했지. 페르시아 왕을 어떻게 해협으로 유인할 수 있다는 것인지 알 도리가 없었어. 우리가 굶어 죽고 도시가 망할지도 모른다는 공포에 사로잡혔어. 밤마다 흑해가 페르시아 함대로 들끓고 스파르타가 화염에 휩싸이는 악몽에 시달려야 했다고.

위기의 순간이 찾아왔어. 섬에서는 엘레우시스가 선명히 보여. 페르시아 함대가 우리를 해협에서 탈출하지 못하게 막은 지 며칠 후, 망보는 병사에게서 비명이 들려 왔어. 아테네에서 데메테르의 사원을 잇는 '신성한 길'에서 하얀 흙먼지가 뭉게뭉게 퍼지고 있지 뭐야. 저 흙먼지는 뭐지? 그때는 신성한 의식을 치르던 시기였어. 여느 때라면 어떤 장면을 보게 될지 뻔했지. 신성한 길에서 엘레우시스로 가는 길에 데메테르와 페르세포네를 참배하는 모습이 보여. 하지만 아테네는 야만인들의 손아귀에 들어갔기 때문에 그런 의식이 일어날 리가 없었어. 그럼 누가 먼지를 일으키는 것일까? 답은 하나밖에 없었지. 페르시아군이었어. 그러자 살라미스 섬에서는 적이 코린트로 가는 길을 점령했다는 소문이 퍼졌어. 펠로폰네소스 반도를 공격할 준비를 마쳤다면서 말이야.

그렇다면 페르시아 함대는? 해협 너머에서 돌아다니던 야만인들의 함대가 철수하기 시작했어. 늦은 오후가 되자 함대들은 흔적조차 보이지 않았지. 펠로폰네소스 동맹군들 사이에서는 공포와 설렘이 뒤섞였어. 한편으로는 크세르크세스가 펠로폰네소스 반도를 공격할 준비를 하는 게 분명해 보였어. 다른 한편으로는, 이제 해협으로 나가는 길이 뚫렸으므로 펠로폰네소스 동맹군 함대가 바다로 나가서 도망칠 기회가 생겼다는 뜻이기도 해.

그날 오후, 전략 회의는 난장판이 되었어. 아테네인들과 펠로폰네소스 동맹군들 사이에서 격한 논쟁이 벌어졌지. 아테네인들은 펠로폰네소스 동맹군이 자신들을 버린다고 비난했어. 펠로폰네소스 동맹군은 아테네가 자신들의 발을 묶는다며 비난했고. 밖에서 전략 회의를 듣고 있던 사람들 귀에 고함이 들렸어. 그 누구도 단합된 모습을 시늉조차 내려 하지 않았지. 오히려 동맹 자체가 금방이라도 깨져 버릴 것만 같았어. 나는 깊은 절망에 빠져 도저히 그 자리에 있을 수가 없었지. 결국 일어나 저물어 가는 해를 바라보며 제발 상황이 달라지기만을 빌었어.

그런데 테미스토클레스가 내게 다가왔어. 안에 있던 사람들은 서로 고함치느라 바빠 우리가 자리를 떴다는 사실을 알아채지 못했지. 테미스토클레스는 아무 말 없이 나를 바닷가로 데리고 갔어. 작은 돛단배가 머물던 둑에 와서야 고개를 돌려 나를 바라보았어.

"왕비 마마, 솔직히 말씀드려야 하겠군요. 저는 실패했습니다. 제 전략은 물거품이 되었어요. 우리의 희망은 먼지와 함께 사라졌습니다. 이 난장판에서 빠져나가기란 쉽지 않군요. 그리스 함대가 모조리 산산조각 나고 있어요. 그러므로 우리는 최선을 다해야 합니다."

나는 공포에 질린 눈빛으로 그를 바라보았어.

"포기하는 거예요?"

"저는 우리가 최선을 다해야 한다고 말씀드렸습니다."

"어떻게요?"

테미스토클레스는 입을 다물었어. 당황한 얼굴이었지. 그는 헛기침을 했어. 그리고 다시 침묵하더니 갑자기 입을 열고 단숨에 그가 하고 싶었던 말을 내뱉었어. 지난 며칠 동안 펠로폰네소스 동맹군들 때문에 얼마나 절망에 빠졌는지 말했어. 그는 함대를 지휘하는 스파르타의 제독, 에우리비아데스에게 접근하여 페르시아 왕과 협상할 허락을 구했다고 했어. 에우리비아데스가 허가를 내렸다는 사실 말이야. 지난 며칠 동안 테미스토클레스가 야만인들과 어떻게 연락을 주고받았는지도 다 설명했어. 아테네가 항복 협정을 하는 데 동의했다는 사실까지.

테미스토클레스는 잠시 말을 멈추더니 나를 바라보았어.

"스파르타가 항복한다는 조약도…."

"스파르타가 항복한다고요?"

"그렇습니다, 마마."

"스파르타는 절대 항복하지 않아요."

"폐하께서도 이 선택 말고는 없다는 사실을 인정하셨을 겁니다."

나는 믿을 수 없다는 표정으로 그를 바라보았어.

"남편은 자유를 위해 죽었어요! 스파르타를 위해! 그리스를 위해!"

나는 이렇게까지 분노를 느낀 적이 없었어.

"어떻게 감히 그런 말을!"

"폐하께서는 그리스가 아직 정복되지 않았다고 믿었기에 자신을 희생하셨지요. 하지만 지금은 그렇지 않아요. 우리는 지금처럼 이렇게 크나큰 역경을 겪은 적이 없어요. 폐하께서는 왕으로서 도시를 살리기 위해 어떤 방법이든 찾으셨을 겁니다. 마마께서도 잘 아실 거예요. 크세르크세스는 두 국민을 벌하려고 여기에 왔어요. 아테네인들과 스파르타인이죠. 우리가 항복하고 협약을 요청하면 그리고 그들 앞에 바짝 엎드려 자비를 구한다면, 아마도 우리 국민들의 목숨은 구할 수 있을 겁니다. 우리는 살아남을 거예요. 살아서, 아마도 언젠가는 또다시 싸우겠지요."

내가 고개를 절레절레 흔들었어.

"난 절대 항복하지 않을 거예요."

"반드시 그렇게 하셔야 합니다, 마마."

내가 놀라서 고개를 돌렸어. 내 뒤에 에우리비아데스가 있었지. 그가 내게 꾸벅 인사했어.

"다른 선택지는 없습니다. 저는 스파르타 의회와 직접 연락을 취하고 있었어요. 모두 동의했습니다. 테미스토클레스가 제안한 대로 해야 합니다."

"그가 제안한 것이 대체 뭔데요?"

내가 분노에 차서 물었어.

"이… 이 반역자!"

테미스토클레스는 초조한 눈빛으로 나를 쳐다보았어.

"내일 아침, 페르시아 함대가 해협으로 들어올 겁니다. 에우리비아데스와 저는 정식으로 항복할 예정입니다. 다른 그리스의 지휘관들은 선택의 여지없이 저희와 함께해야 할 겁니다. 그러면 우리는 고향으로 돌아갈 것입니다."

"왜 페르시아가 해협으로 올 거라는 거죠? 저들은 바보가 아니에요. 당연히 미끼라고 여기지 않겠어요?"

"우리 말을 믿을 겁니다."

테미스토클레스가 대답했어.

"왜냐하면 스파르타 여왕이 전날 저녁에 해협을 건너왔고, 왕 중의 왕 앞에 나타나 직접 국민들이 항복하겠다고 말할 것이기 때문이죠."

나는 충격을 받고 도저히 믿을 수 없다는 표정으로 바라보았어. 두 남자 모두 고개를 끄덕였지. 나는 고개를 돌려 둑 끄트머리에 정박해 있던 나룻배를 바라보았어. 망토를 머리까지 뒤집어 쓴 남자가 노 옆에 앉아 있었지.

테미스토클레스가 손짓을 했어.

"마마, 어서요. 시킨노스, 내 노예여, 거기서 노를 저어 주겠는가. 그러고 나서 왕비 마마께서 해야 할 일을 무사히 마치신다면, 그가 다시 마마를 이곳까지 모셔다 드릴 겁니다."

나는 깊은 숨을 들이마셨어. 고개를 올려 별을 바라보았지. 지금 이 상황이 도무지 믿기지 않았어.

"모든 스파르타인들의 기도가 마마와 함께 할 것입니다."

에우리비아데스가 말했어.

나는 아무 말도 않은 채 분노에 찬 눈빛을 보냈지. 그러고는 둑으로 내려가 배에 자리를 잡고 앉았어. 이렇게 수치스러운 소식이 레오니다스나 아버지 클레오메네스 왕 또는 어머니에게 전해지지 않기를 어둠 저 깊은 곳에 있는 모든 신들께 빌었지.

테미스토클레스는 묶여 있던 밧줄을 풀었어. 시킨노스는 얼굴을 가린 채 노를 젓기 시작했지. 그는 노를 저으며 캄캄한 해협으로 들어갔어.

그날 저녁의 기억은 마치 꿈만 같았어. 우리는 아티카 해변에 다다랐고 페르시아 경비병의 손에 이끌려 갔어. 이들의 역할은 우리를 바다 위 산비탈에 설치된 페르시아 진영으로 데려가는 것이었어. 어마어마한 야만인들 무리가 도처에 돌아다니고 있었단다. 그들이 붙인 횃불은 밤하늘의 별처럼 맹렬하게 불을 뿜고 있었지. 페르시아군의 진영은 눈에 다 담을 수 없을 만큼 넓게 퍼져 있었어. 이들이 바로 어머니가 경고했던 사람들이었어. 그리고 지금 여기서 나는 내가 믿었던 모든 것에 배신자가 되어 이들 사이를 걷고 있었어. 또다시 나는 사랑했지만 잃어버린, 한때 생생하게 살아 있었지만 지금은 지하 세계에서 유령이 되어 떠돌아다니는 부모님과 남편이 생각났어.

"저를 용서해 주세요."

나는 숨을 참고 중얼거렸지.

진영은 여전히 끝이 보이지 않았어.

시킨노스와 나는 페르시아군이 진을 치고 있는 곳 한가운데를 가로질러 이끌려 갔어. 진영이 너무 넓어서 그냥 도시 같았단다.

마침내 그곳에서 가장 큰 천막에 다다랐어. 천막에 갖추어진 장비만 보아도 그 어떤 집보다 훨씬 더 좋았지. 카펫이 여기저기에 펼쳐져 있었어. 강한 향내가 코를 찔렀고, 경비병이 문마다 지키고 있었지. 그리고 천막 깊숙한 곳에 가장 호화로운 공간이 있었어. 어디에나 황금으로

반짝이던 그 공간 한가운데에 왕이 황금 의자에 앉아 있었지.

내가 마지막으로 크세르크세스를 보았을 때는 흙먼지 한가운데, 테르모필레에 쌓인 시체 위에 있던 모습이었어. 이제 그의 얼굴을 똑바로 보게 되었지. 그의 턱수염은 길고 풍성했고, 잘생긴 얼굴이었어. 하지만 그의 차갑고 계산적인 눈과 마주치던 그 순간, 경비병이 내 팔을 잡고 땅바닥에 억지로 무릎을 꿇렸어. 그리고 자기 발을 내 등 위에 올리더군.

"폐하의 발 앞에 있는 땅에 입맞춤을 해라."

고개를 슬쩍 들어 얼굴을 보자 헉 소리가 나왔어. 데마라토스였기 때문이야. 긴 침묵이 흘렀고, 모든 시선이 나에게 쏠렸다는 것을 느낄 수 있었지. 데마라토스가 고개를 까닥이는데, 문득 죽을힘을 다하려는 낯빛이 그의 눈 속에서 아른거렸어. 그 순간 나는 누가 배반을 하고 하지 않았는지, 누가 반역자이고 누가 애국자인지 가릴 수가 없게 되었단다.

나는 우리 국민들을 위한 것이라고 생각하며, 카펫에 입맞춤을 했지.

크세르크세스가 자기네 나라 말로 뭐라 했어. 그 말을 데마라토스가 통역해 주었지. 스파르타의 항복 선언을 받아들이겠다고, 스파르타인들의 목숨을 살려 주겠다고, 아테네인들도 마찬가지로 그리하겠다고 말이야.

아침에 스파르타와 아테네 함대 모두 항복하기로 했어. 그리스의 다른 함대도 백기를 들 예정이었지. 그렇지 않으면 모두 멸망할 운명일 테니까. 크세르크세스는 데마라토스가 내게 알려준 대로, 왕좌를 에갈레오 산 위에 놓을 예정이었어. 그러면 그리스의 모든 함대가 무릎 꿇는 모습을 잘 볼 수 있을 테지.

"대왕께서 하시는 대로 하시오."

데마라토스가 말했어.

"그러면 그대를 공정하게 대우하실 테니. 왕을 배신하면 그대의 도시는 이 세상에서 완전히 사라지게 될 거요."

왕의 알현은 끝이 났어. 나는 왕실에서 나와 진영을 지나 배로 돌아갔지. 시킨노스는 여전히 망토로 얼굴을 가린 채, 노를 저어 나를 원래 있던 곳으로 데려갔어. 나는 너무나 지치고, 화가 나고, 치욕스러워서 단 한마디도 할 수 없었단다.

둑에 도착하니 테미스토클레스가 있었어. 그는 나를 전략 회의실로 데려가 주었어. 혹시 몰래 내 뒤를 밟지 않았을까 생각했지만 그렇지 않았어. 막사 안에 들어가자 모든 이들의 시선이 내게 고정되었지. 아테네인들뿐만 아니라 그리스 함대를 지휘하는 여러 제독과 관리들, 펠로폰네소스 동맹군들이 모두 자리에서 일어섰어. 모두 나를 보고 환호했지. 나는 놀라서 그들을 쳐다보았어.

"마마의 엄청난 용기에 경의를 표합니다."

나는 고개를 돌려 테미스토클레스를 바라보았지.

"하지만… 이게 무슨 말인지…. 당신이 내게…."

"저는 제가 해야 했던 대로 말씀드렸습니다. 제가 마마를 속인 것을 용서하시리라 믿었거든요. 클레오메네스 왕의 딸이자 레오니다스 왕의 아내이신 마마께서 가셔야 이 일이 통할 수 있었습니다. 다른 사람이었다면 페르시아는 스파르타가 진심으로 항복했다고 믿지 않았을 거예요. 스파르타가 진심이 아니라면 아테네도 마찬가지라고 여겼을 테지요. 아테네가 그렇지 않다면 그리스 함대 모두도요. 마마께서는 우리 모두 검을 내려놓았다고 믿어야 했습니다. 무엇보다도 마마께서 믿지 못하신다면 페르시아인들을 납득시키지 못하셨을 겁니다. 그렇다면 페르시아는 우리 함대를 완전히 박살내 버리겠다 생각하겠지요."

"하지만 진짜 항복한 게 아니라고요?"

"아닙니다."

"당신과 펠로폰네소스 동맹국 모두?"

"우리는 여전히 같은 편입니다. 우리가 서로 말다툼을 했던 것은 음, 확실히 해 두기 위해서였어요. 소리지르며 다투는 모습을 보여야 페르시아의 첩자가 그들의 군대가 있는 곳으로 가서 왕께 그대로 보고할 테니까요."

그러면서 테미스토클레스가 웃음을 터뜨렸고 다른 이들도 따라 웃었어. 나는 내가 앞뒤 분간도 못하고 그대로 속았다는 것과, 이용당했다는 생각에 분하고 창피해서 얼굴이 달아올랐어. 하지만 얼굴이 달아오르기도 전에 막사 전체가 기쁨으로 달아올랐고, 나도 그 대열에 함께했어. 그러다 갑자기 모두 아무 말 없이 벌떡 일어났지.

제독과 관리들은 막사를 지나 바다로 향하는 비탈길을 내려갔어. 해가 막 떠오르고 있다는 걸 그제야 알아차렸지. 그동안 하도 이상한 일을 많이 겪어서 내 시간 감각이 뒤틀린 게 분명했어. 이미 하루가 시작되고 있었는데 말이야. 바닷가가 온통 술렁거렸어. 나는 배들이 얕은 물가로 끌려오는 모습을 지켜보았지. 그리스 노잡이들이 서둘러 자기 자리로 들어갔어. 다양한 함대들이 저마다 자리를 잡았지. 모두 새벽빛이 밝아오는 모습을 지켜보았단다.

해가 떠올랐어. 바닷가 저 멀리에서 우렁찬 트럼펫 소리가 들려 왔지. 소리 나는 곳을 바라보니 해협 너머로 크세르크세스가 에갈레오 산 옆에 자리를 잡고 있는 모습이 보이더군. 이모탈이 그의 주위로 모여 들었어. 멀리서도 그 광경이 어찌나 생생하게 보이던지. 그러다 또 다른 트럼펫 소리가 울려 퍼졌지. 나는 해협과 바다가 만나는 곳을 바라보고는 탄식을 했어. 페르시아 함대가 나타난 거야. 해협으로 들어오고 있었지.

테미스토클레스의 전략이 통했어.

"무서워하지 마십시오, 스파르타의 딸이여."

고개를 돌려 보니 시킨노스가 있었어. 그 말고는 달리 말할 사람이 없었지. 테미스토클레스가 거느리던 노예라고 생각했던 사람의 얼굴은 밤새도록 모자에 가려 있었어. 하지만 그의 얼굴은 더 이상 노예가 아니었어. 이제 내 옆에는 여성이 서 있었지. 아냐, 여성도 아니었어. 여성이라고 말하기에도 너무나 아름다웠어.

우리는 눈이 마주쳤고, 그의 눈빛은 회색이었단다. 나는 무릎을 꿇고 주저앉았어.

"여신이시여."

내가 속삭였어.

"우리를 도와주러 오셨군요."

여신이 미소를 지었어. 그러더니 고개를 돌리고 함대 두 대를 바라보았지.

"내 아버지시다."

아테나 여신이 말했어.

"그대를 도우러 오신 분 말이다. 그의 분노는 사그라들었고, 이제 페르시아를 찾아가실 것이다. 페르시아인들은 우리 신전을 태우고 불경한 모습만 보였기 때문이지. 어제 신성한 길에서 피어오르는 하얀 흙먼지를 보지 못하였는가? 엘레우시스로 향하던 인간은 아무도 없

었다. 신들이 신전에 당한 복수를 하러 직접 모이셨던 것이지."

"어젯밤에는요?"

말하는 순간에도 너무나 긴장된 나머지 내 귀 뒤에서 맥박이 고동치는 소리가 들렸어.

"왕 중의 왕이 앉아 있던 곳으로 나를 데리고 갔던 분은 사람이었습니까?"

여신이 다시 엷은 웃음을 지었어. 갑자기 여신의 옷이 빛나기 시작했지. 여신은 내 머리 위로 오르더니 하늘 높이 날아가 버렸어. 마치 제물 위에서 솟아올라 하늘로 향하는 연기 같았지. 해협 저 높은 곳에서 여신이 일으키는 기둥이 보였어. 여신을 바라보던 순간, 페르시아 함대가 여전히 앞 다투어 좁은 바닷길로 들어가고 있다는 걸 알게 되었지.

그리스 함대는 야만인의 함대를 더욱 깊숙한 곳으로 유인하면서 계속 후퇴했어. 한순간 아테나 여신은 전쟁터를 모조리 자신의 그늘 안에 두었고 사라져 버렸지. 동시에 해협 너머로 여신의 목소리가 들렸어.

"그리스여! 얼마나 더 후퇴할 생각인가?"

여신의 목소리는 해협 주위에서 메아리쳤지. 그러자 그리스 함대가 힘차게 노를 때리며 다시 앞으로 나아가기 시작했어. 모든 함대 너머로 환호성과 함께 거칠게 열광하는 노랫소리가 들렸지. 그러더니 그리스 함대가 야만인들에게 요란한 소리를 내며 충돌했어. 나무가 쩍 쪼개지는 끔찍한 소리와 비명이 동시에 울려 퍼졌지. 소리는 물길 이곳저곳 할 것 없이 점점 커졌어. 전투가 시작된 거야.

살라미스 해전이라는 이 역사에 길이 남을 전투는 테미스토클레스가 계획한 대로 이루어졌어. 야만인들의 배는 자기편끼리 서로 부딪히며 우리보다 훨씬 더 큰 위험에 빠졌지. 노가 서로 뒤엉켰고 질서 있는 모습은 사라지고 말았지. 모든 게 완전히 아수라장이 되어 버렸어. 페르시아 배들은 누가 적군이고 아군인지 헷갈리는 탓에 서로 마구 들이받았어. 아테네 함대에 둘러싸인 모든 페르시아 함대는 뒤로 쫓겨나거나 불리한 상태로 싸울 수밖에 없었지.

하지만 페르시아 함대가 후퇴할 곳을 찾을수록 대열은 점점 더 흐트러졌어. 계속 서로 충돌했지. 쪼개진 통나무에 매달리거나 거센 물살과 싸우던 페르시아 선원들은 손쉬운 먹잇감이 되고 말았어. 그 꼴이 마치 그물에 걸린 다랑어 같았지. 반면에 그리스인들은 욕심 많은 낚시꾼처럼 페르시아 선원들을 창으로 찌르거나 몽둥이로 마구 두들겼고, 활로 쏘기도 했어.

전투가 끝나기도 전에 보니, 왕 중의 왕인 크세르크세스는 이미 왕좌를 떠나고 없었어. 그가 얼마나 분노했을지 짐작하고도 남았지. 그는 자신의 함대를 완벽한 덫에 보내고 말았어. 덫은 날카로운 턱을 쩍 벌려 먹잇감을 완전히 으깨 버렸지. 날이 저물 무렵, 해협은 페르시아 함대의 잔해와 시체로 어질러졌어. 야만인의 함대는 완전히 산산조각 나서 흩어졌고. 이제 우리 도시로 쳐들어갈 가능성은 사라졌어.

우리 배는 바다에서 주도권을 잡고 승리했지. 스파르타는 위험에서 벗어났어. 나도 마침내 편히 잠을 이룰 수 있게 되었단다.

21장

내 이야기

고향으로 돌아간 아테네인들은 아크로폴리스에 올랐어. 나도 테미스토클레스와 함께 그곳에 갔지. 정상은 아테네 대부분이 그랬듯이 검게 그을린 돌무더기투성이였어. 녹아 버린 동상과 넘어진 기둥이 여기저기에 널려 있었고. 그래도 야만인이 전부 망가뜨리지는 못했단다.

넘어진 벽돌 아래에서 아테나 여신의 올리브 나무가 발견되었어. 그곳에 신성한 뱀이 나무 기둥을 둥글게 감싸고 있었더구나. 아테네인들은 그 광경을 보고 기쁨에 휩싸였어. 뱀은 결국 죽지 않았던 거야. 올리브 나무도 죽지 않았어. 나무 기둥에 새싹이 쏙 돋아났지. 나무가 다시 생명을 품고 있었어.

"하지만 한 번에 다 돌아오지는 않아요."

테미스토클레스가 내 마음을 읽은 듯 말했어.

"시간이 걸릴 겁니다."

"그래도 당신이 이겼잖아요. 가지는 다시 자랄 거예요. 아테네는 구원받았어요."

"그런가요?"

테미스토클레스는 시커멓게 탄 잔해를 멍하니 바라보았어.

"야만인의 함대를 무너뜨린 것은 사실입니다. 크세르크세스 대왕이 몸소 남은 함대를 이끌고 에게 해를 건너 돌아간 것도 사실이에요. 겨울이 오고 있으니

분명히 그리스에서 오도가도 못할까 봐 걱정했겠지요. 하지만 그리스를 정복하겠다는 희망을 저버리지는 않았어요. 그는 자신의 최고 정예 부대를 이곳에 머무르라고 명령했어요. 이들은 봄이 될 때까지 기다리며, 우리를 정복할 또 다른 기회를 엿볼 것입니다. 아테네는 여전히 위험에 노출되어 있어요. 우리는 마마의 스파르타와는 달리 펠로폰네소스 반도에서 안전하지 않아요. 그러니 우리를 버리지 말아 주십시오, 고르고 왕비 마마. 우리를 구하러 오시겠다고 반드시 약속해 주세요."

나는 이 말을 잊지 않았어. 그해 겨울, 우리 스파르타는 예상대로 코린트 지협 뒤쪽에서 안전하게 보냈어. 야만인들은 우리가 여름 내내 지어 놓은 벽을 넘어올 재간이 없었지. 하지만 아테네는 테미스토클레스가 지적한 대로 적을 막아 낼 준비가 되어 있지 않았어. 여름이 닥친 순간, 페르시아가 다시 도시에 왔을 때 아테네인들은 두 번째 피난을 떠나야 했어. 그들은 천막과 몇 가지 짐만 들고 모였고 살라미스 섬과 트로이젠으로 피신했어.

아테네인들은 우리에게 전령을 보냈어.

"어서 와서 우리를 구해 주십시오!"

그래서 우리는 아테네인들을 도우러 갔지. 그해 여름에 스파르타를 떠난 군사들은 우리가 전쟁터에 보낸 병력 중 가장 규모가 컸어. 스파르타군은 북쪽으로 향하던 길에 펠로폰네소스 반도 전역에서 온 군대와 힘을 합쳤어. 펠로폰네소스 동맹군은 코린트 지협을 건너 행군했어. 동맹군이 점점 더 많이 합류했어. 물론 이들 중에서는 아테네군도 있었지.

살라미스 섬에 있던 사람들은 바다에서 그리스가 승리하는 것을 보았어. 이제 이들은 육지에서 야만인들을 물리쳐야 했어. 모두 이 전투로 그리스의 마지막 운명이 결정되리라는 것을 알고 있었지.

위대한 전투가 플러티어에서 일어났어. 페르시아는 테베에 진을 쳤다. 자유를 향한 갈망보다 아테네인에 대한 미움이 더 컸던 테베인들은 페르시아 편에 서서 싸웠어. 이 때문에 스파르타군과 동맹군은 여느 때보다도 훨씬 수적으로 불리했단다. 그럼에도 우리 용감한 전사들은 눈곱만치도 걱정하지 않았어. 이들은 자신이 해야 할 일을 잘 알고 있었고, 끝까지 해냈지.

전투는 길고도 잔혹했단다. 하지만 결국 그리스 동맹군이 완승을 거두었어. 야만인들은 그리스군의 손에 목숨을 잃거나 도망가기 바빴지. 페르시아의 장군도 목숨을 잃은 사람들 중 하나였어. 크세르크세스가 살라미스 해전 후 아시아로 돌아갔을 때 남겨두었던 왕의 진영은 스파르타의 손에 넘어갔단다.

 왕의 막사는 온통 사치스러운 물건으로 눈이 부셨어. 나처럼 막사를 보고 깜짝 놀란 스파르타 장군은 페르시아의 요리사더러 대왕에 걸맞은 요리를 만들라 명령했어. 그러고 나서 그는 우리 국민 요리인 검은 수프로 이루어진 두 번째 저녁 식사와 나란히 놓았단다. 그 자리에 다른 그리스의 장군들도 초대했지.

"그리스 전사들이여…."

스파르타 장군이 웃으며 말했어.

"페르시아 왕의 광기어린 식사를 여러분도 마음껏 맛보시기를 바랍니다. 그가 얼마나 많은 부를 누렸는지 보시란 말입니다! 그러고도 온 힘을 다해 그리스로 쳐들어와 우리 재산을 훔쳐 가려고 했지요."

 플러티어에서는 많은 이들이 용기를 내어 위대한 업적을 이루어냈지. 그중에서도 가장 위대한 일은 아리스토데무스가 해냈다는 것을 누구나 인정했어. 그는 테르모필레 전투에서 스파르타인 300명의 전사들 중 마지막으로 살아남았지. 요정 피레네는 그의 눈을 잠시 멀게 해 전투 중에 자기 역할을 하지 못하게 만들고는, 데리고 가 버렸단다.

 몇 주 동안 피레네는 아리스토데무스를 아르카디아 야생 숲에 데리고 있었어. 하지만 아리스토데무스는 요정을 사랑했음에도 부끄러움을 견딜 수 없었어. 결국 스파르타로 돌아왔지. 스파르타에서 그는 많은 비난을 받았어. 사람들은 그에게 탈영병이라고 욕하며 '겁쟁이 아리스토데무스'라고 놀렸단다. 아무도 그와 이야기하려 들지 않았지. 식당에서도 그와 함께 앉으려 하지 않았어.

 기나긴 겨울이 지나가고 봄에 접어들 무렵, 피레네는 스파르타를 떠나 자기와 함께 아르카디아에서 살자고 설득하려 했어. 온몸 바쳐 그를 사랑하겠다면서. 하지만 아리스토데무스는 피레네의 말을 듣지 않았지. 스파르타에서 태어나 스파르타인으로 자란 그는 스파르타인으로서 죽겠다고 다짐했어. 그래서 플러티어로 왔지.

 그곳에서 전투가 벌어진 전날 밤, 피레네가 눈물을 흘리며 그에게 다가와 마지막으로 떠나자고 간곡하게 말했어. 그러나 아리스토데무스는 자신의 명예를 되찾겠다는 의지가 너무나

도 확고했단다.

다음 날, 그는 예부터 전해 내려온 영웅처럼 싸웠어. 전투가 가장 치열했을 때, 그는 야만인에 맞서 무리하게 전쟁터로 깊숙이 들어가 결국 적군에 포위되었어. 그럼에도 여전히 싸우고, 싸우고, 또 싸웠지. 전투가 끝나고 스파르타 병사들이 아리스토데무스의 시신을 발견했을 때, 그는 적의 시신 더미에 둘러싸여 있었어. 그때부터 아무도 그를 두고 '겁쟁이'라 부르지 않았단다.

피레네는 어떻게 되었냐고? 플러티어에서 그리스군이 위대한 승리를 거둔 밤, 전쟁터에서 부상을 당해 죽어 가는 병사들의 신음 가운데 구슬프게 흐느끼는 소리가 들렸어. 울음소리가 어디에서 나오는지 아무도 알 수 없었지. 그저 울음소리가 넓게 먼 곳으로 메아리쳤을 뿐. 그 보고를 받고 나는 피레네가 아닐까 하는 의문이 절로 떠올랐어.

그래서 찾기로 했어. 나는 아테네로 건너가 여자아이들 중에 그해 곰이 되어 아르테미스와 함께 살았던 아이가 있었는지 물어보았지. 고맙게도 마침, 무슨 일이 일어났는지 이야기 조각을 맞춰 볼 수 있었어.

플러티어 전쟁터에서 들렸던 울음소리의 주인공은 피레네가 맞았어. 며칠 동안, 몇 주 동안 그리고 몇 달 동안 피레네는 사랑하는 이를 잃은 슬픔으로 눈물을 흘리며 그리스 산을 떠돌아다녔지. 피레네는 혼자 깊은 슬픔에 빠졌어. 동료 요정들 중 그 누구도 감히 그녀를 달래거나 안아 주거나, 팔을 잡아 줄 수 없었어. 모두 여신인 아르테미스를 무서워했으니까. 하지만 결국 여신은 딱 한 번 피레네를 불쌍히 여겨 주었지.

어느 날, 피레네가 눈물로 앞을 가린 채 코린트를 지나는 길을 따라 비틀비틀 가고 있는데, 아르테미스가 그 요정을 분수로 둔갑시켰어. 피레네의 눈물은 단맛이 나는 물로 바뀌었지. 그 후로, 뜨거운 여름마다 사람들은 지나가는 길에 분수에서 나오는 물을 마시고 감사히 여기게 되었단다. 피레네라는 이름도 오늘날 코린트인들에게 가장 사랑받는 이름 중 하나이지.

그래도 피레네가 실제로 누구였는지 굳이 알고 싶어 하는 사람은 없었어. 그보다 분수의 유래에 대해 온갖 터무니없는 이야기가 떠돌았지. 아마도 인간의 본성이 그런가 봐. 야만인들을 물리친 후 몇 년이 흘러 비로소 깨닫기 시작했지. 나는 사람들이 세상에서 벌어지는 일에 별별 말도 안 되는 이야기를 하고 다닌다는 것을 깨달았어. 그 누구도 진실을 이야기하는 데에는 그다지 흥미가 없다는 것을 알게 되었고. 저마다 자기만의 속셈이 있었지.

가장 위대한 영웅들이 이루어 낸 업적마저도 사람들의 기억 속에서 흐릿해졌어. 테미스토클레스도 그랬어. 플라티어에서 야만인들을 무너뜨리고 8년 후 추방되고 말았단다. 그가 도시를 구했다는 사실은 아무 소용이 없었어. 실제로 그를 쫓아낸 장본인은 아테네인들이었단다. 내가 볼 때 성공은 민주주의에서 위험한 요소야. 그러면 모든 이들의 미움을 받게 되니까.

그래서 테미스토클레스는 귀양을 가야 했고, 아르고스로 향하게 되었지. 그보다 더 나쁜 운명이 어디에 있을까? 그런데도 테미스토클레스의 적들은 여전히 만족하지 못했어. 그들은 계속해서 테미스토클레스를 공격했고, 결국 그리스에서 도망가게 만들었단다. 테미스토클레스는 페르시아의 수사로 떠났어. 그가 수사로 가도 되겠다고 느꼈던 이유는 크세르크세스가 죽었다는 걸 알았기 때문이야. 알려졌다시피 대왕은 2년여 전 아내 중 한 명에게 왕궁에서 살해되고 말았단다.

그렇기는 해도 테미스토클레스는 끔찍한 위험을 무릅썼어. 그는 페르시아에서 최악의 적으로 악명 높았지. 하지만 페르시아의 새로운 왕이자 크세르크세스의 아들은 두 팔 벌려 그

를 환영했어. 테미스토클레스는 왕이 가장 아끼는 참모 중 한 명이 되었단다. 그는 이오니아에 있는 도시를 다스리는 임무를 맡았어. 지금도 그곳에서 부유하고 풍족하게 살고 있지.

한편, 그리스인 사이에서는 거의 잊혀졌어. 나는 이 사실을 알고 큰 충격에 빠졌단다. 어떻게 살라미스 해전에서 공을 세운 사람을 잊을 수가 있지? 그가 반역자로 끝장을 냈지만 그렇다고 그리스를 구한 인물이라는 평가가 사라지지는 않아. 그리스가 테미스토클레스를 잊는다면 다른 어떤 인물도 잊을 수 있는 셈이지. 우리 아버지도 잊어버릴 거야. 레오니다스도 잊을 거고. 우리와 야만인들, 신들이 했던 엄청난 일을 다 잊어버릴지도 모르지.

페르시아의 침략을 물리치고 나서 몇 년 동안, 걱정이 점점 밀려 들어왔어. 그리스를 해방시켜 준 사람들이 기억 속에서 사라지지 않도록 할 수 있는 방법이 딱 하나 있다는 것을 알게 되었지. 그들의 이야기는 기록되어야 해. 누군가 그동안 일어났던 일들을 모두 적어 놓아야 한다고.

여기에서 이제는 너무나 늙어 버린 람피토의 한마디.

"그 사람이 마마가 안 될 이유가 있나요?"

나는 들려주고 싶은 수많은 사건들을 겪으며 살았어. 신과 인간들이 하는 일들과 가깝게 지냈지. 람피토를 비롯해 스파르타의 다른 이들과 달리, 나는 외국인들에게도 관심이 많았어. 사실 그리스 너머로 여행해 본 적은 없지만, 내가 여행을 한다 해도 막을 사람은 아무도 없어. 그래서 민선 장관들에게 내 생각을 서슴없이 말했지. 그들은 내가 가도 된다고 동의했어.

나는 스파르타를 떠나 세상에 나갈 준비를 했지. 이집트와 리디아를 여행했고, 바빌론과 에크바타나 그리고 수사도 방문했지. 테미스토클레스와 데마라토스와도 이야기를 나누었어. 그리스와 야만인들이 전쟁을 하게 된 원인을 모조리 찾아다녔지. 양쪽이 이룬 위대한 업적도 모두 조사했어. 구석구석 안 찾아본 데가 없단다. 그렇게 알게 된 것은 빠짐없이 적어 두었어.

그리고 이 책이 그 결과물이야. 너도 이 책을 재미있게 읽어 주면 좋겠어. 지금 읽고 있는 이 이야기가 사실이라는 것을 알아주기를. 스파르타의 고르고가 조사한 내용을 읽었다는 것도 알아주기를.

고르고의 이야기를 믿을 수 있다는 사실을 알아주기를.

옮긴이 김미선

중앙대학교 사학과 졸업 후 미국 마켓 대학교에서 커뮤니케이션으로 석사 학위를 받았습니다. 현재 어린이·청소년 출판 기획 및 번역을 하고 있습니다. 옮긴 책으로 《세균과 바이러스에 감염된 세계사》, 《어린이를 위한 세계사 상식 500》, 《어쩌다 고고학자들》 등이 있습니다.

늑대 소녀 고르고
그리스 신들이 함께한 페르시아 전쟁 이야기

1판 1쇄 2024년 6월 4일

지은이 | 톰 홀랜드
그린이 | 제이슨 콕크로프트
옮긴이 | 김미선

펴낸이 | 류종필
책임편집 | 장이린
디자인 | 석운디자인
경영지원 | 홍정민

펴낸곳 | (주)도서출판 책과함께
　　　　주소 (04022) 서울시 마포구 동교로 70 소와소빌딩 2층
　　　　전화 (02) 335-1982
　　　　팩스 (02) 335-1316
　　　　전자우편 prpub@daum.net
　　　　블로그 blog.naver.com/prpub
　　　　등록 2003년 4월 3일 제2003-000392호

잘못된 책은 구입하신 서점에서 바꾸어 드립니다.

ISBN 979-11-92913-81-0　73900